VERLAG AM
BIRNBACH

GÜTERSLOHER
VERLAGSHAUS

Hubert Böke • Lene Knudsen

An meine Lieben

Was ich euch noch sagen will

Mit Beiträgen von
Monika Müller und Bernd-Peter Bertram

Verlag am Birnbach • Gütersloher Verlagshaus

Bibliografische Information der Deutschen Nationalbibliothek
Die Deutsche Nationalbibliothek verzeichnet diese Publikation in der Deutschen National-
bibliografie; deteillierte bibliografische Daten sind im Internet über http://dnb.dnb.d-nb.de
abrufbar.

1. Auflage
Copyright © 2011 by Verlag am Birnbach GmbH, Birnbach und
Gütersloher Verlagshaus, Gütersloh, in der Verlagsgruppe Random House GmbH, München

Dieses Werk einschließlich aller seiner Teile ist urheberrechtlich geschützt. Jede Verwertung
außerhalb der engen Grenzen des Urheberrechtsgesetzes ist ohne Zustimmung der Verlage un-
zulässig und strafbar. Das gilt insbesondere für Vervielfältigungen, Übersetzungen, Mikrover-
filmungen und die Einspeicherung und Verarbeitung in elektronischen Systemen.

Umschlaggestaltung: Verlag am Birnbach GmbH
Satz. Verlag am Birnbach GmbH
Druck und Einband: Livonia print
Printed in: Riga / Latvia
ISBN 978-3-86508-836-9 (Verlag am Birnbach) - www.verlagambirnbach.de
ISBN 978-3-579-06841-1 (Gütersloher Verlagshaus) - www.gtvh.de

*Für Kirsten Eirteen aus Kopenhagen,
die uns die Idee zu diesem Buch geschenkt hat.*

Inhalt

10   Vorwort

1. Teil – Ich begegne meiner Endlichkeit

14   Warum sollte ich den Tod fürchten?
15   Mitten im Leben sind wir vom Tod umfangen
23   Der Tod im Pflaumenbaum
26   Nachtgebet
27   Wie Inseln im Wind
34   Die Seele weiß, wohin sie geht
39   Wir sind wie Zugvögel
40   Allahs Bote
41   Alles hat seine Zeit
42   Nach innen wachsen
44   Beim Aufgang der Sonne
45   Das Lächeln des Buddha
56   Vergiss die Träume nicht
57   Besuch der Ahnen
60   Stufen
61   Jules Stern
65   Von guten Mächten
66   Ziehende Landschaft
67   Wenn ich noch einmal zu leben hätte

2. Teil – Die praktischen Dinge

69   Persönliche Daten und Bestimmungen
78   Hinweise zu Bestattungsvorsorge
85   Hinweise zu Patientenverfügung und Vorsorgevollmacht

3. Teil – Ein Brief an meine Lieben

89 Wir treten aus dem Dunkel
90 Was ist der Tod?
91 Es gibt nichts, was uns die Abwesenheit eines lieben Menschen ersetzen kann
92 An meine Lieben

4. Teil – Buch an meine Lieben
     Mein persönliches Tagebuch

99 Zum Geleit

102 Erinnerungen
114 Mein Stammbaum

116 Gedanken zu meiner Ehe und Partnerschaft
120 Meine Interessen und Vorlieben
122 Mein Lebensweg in Symbolen und Bildern
123 Mein Lebensweg in Bildern und Beschreibungen
125 Wofür mein Herz schlägt
126 Ein Gruß
127 An meine Lieben – was ich euch noch sagen will

DU HAST MIR SCHON FRAGEN GESTELLT

Du hast mir schon Fragen gestellt
Über „Gott und die Welt",
Und meist konnt´ ich dir Antwort geben.
Doch jetzt bringst du mich aus dem Lot
Mit deiner Frage nach dem Tod
Und „was ist, wenn wir nicht mehr leben?"
Da muss ich passen, tut mir leid,
Niemand weiß da so recht Bescheid,
Solang es Menschen gibt auf Erden.

Ich stelle mir das Sterben vor
So wie ein großes, helles Tor,
Durch das wir einmal gehen werden.
Dahinter liegt der Quell des Lichts,
Oder das Meer, vielleicht auch nichts,
Vielleicht ein Park mit grünen Bänken,
Doch eh´ nicht jemand wiederkehrt
Und mich eines Bess'ren belehrt,
Möcht´ ich mir dort den Himmel denken.
Höher, als Wolkentürme steh´n,
Höher noch, als Luftstraßen geh´n,
Jets ihre weißen Bahnen schreiben
Jenseits der Grenzen unsrer Zeit,
Ein Raum der Schwerelosigkeit,
Ein guter Platz, um dort zu bleiben.

Fernab von Zwietracht, Angst und Leid,
In Frieden und Gelassenheit,
Weil wir nichts brauchen, nichts vermissen.
Und es ist tröstlich, wie ich find´,
Die uns vorangegangen sind,
Und die wir lieben, dort zu wissen.
Und der Gedanke, irgendwann
Auch durch dies Tor zu geh´n, hat dann
Nichts Drohendes, er mahnt uns eben,
Jede Minute bis dahin,
Wie ein Geschenk, mit wachem Sinn,
In tiefen Zügen zu erleben.

Reinhard Mey

VORWORT

Irgendwann einmal begegnet jeder Mensch seinem Tod. Und irgendwann einmal, mitten im Leben, werde ich mir bewusst: Eines Tages muss ich Abschied nehmen von dieser Welt. Früheren Generationen war es wichtig, „zu Zeiten das Haus zu bestellen". Vielleicht ist das heute schwieriger. Wir sind nicht mehr „auf Du und Du" mit dem Tod. „Gevatter Tod" ist aus unseren Lebenskreisen ausgeschlossen. Er begegnet uns als furchterregender Fremder, als Einbrecher und Dieb. Solange es eben möglich ist, halten wir unsere Türen vor ihm verschlossen.

Wenn aber der Augenblick kommt und Sie spüren, dass es gut ist, Ihr Haus zu bestellen – und gut ist es, so meinen wir, in jedem Alter – , dann möchte Ihnen dieses Buch eine Hilfe sein. Das erste Kapitel lädt Sie ein zu einer inneren Begegnung mit Ihrer eigenen Sterblichkeit, Angst und Hoffnung.

Im zweiten Kapitel geht es um die ganz praktischen Fragen und Hinweise: Ihre persönlichen Daten und Anweisungen, Ihren „letzten Willen" für die Zeit zwischen Leben und Tod, Ihre Wünsche für Bestattung und Grab.

Sinnvoll ist es, Ihre Bestimmungen und die notwendigen Daten den Menschen Ihres Vertrauens in die Hand zu geben, so dass die „letzten Dinge" Ihres Lebens so geschehen, wie Sie es wünschen. Oft wollen Angehörige „davon noch nichts wissen". Ist es so, dann haben Sie die Möglichkeit, Ihre Bestimmungen in diesem Buch zu hinterlegen, denn am Ende wird es für Ihre Angehörigen eine große Entlastung sein, nachlesen zu können, welches Ihre Wünsche sind. Sie müssen nicht überstürzt und mit ungutem Gewissen entscheiden.

Wenn das Haus bestellt ist, ist es allen leichter.

In einem Infoteil gibt ein erfahrener Bestatter Rat zur Bestattungsvorsorge, wir informieren über Patientenverfügungen und Vorsorgevollmachten und weisen auf wichtige Adressen hin.

Im dritten Kapitel finden Sie einen „Brief an meine Lieben". In diesem sehr persönlichen Text kommen die Wünsche und das „Vermächtnis" für die Zeit der Trauer zur Sprache.

Das Besondere dieses Buches ist, dass Sie mit ihm gleich zwei Bücher in Händen halten. Das erste „Buch" ist von den Autoren für Sie geschrieben.

Das „Buch an meine Lieben" lädt Sie dagegen ein, Ihre eigene Lebensgeschichte aufzuschreiben. Sie selbst werden Autorin, Erzählerin, Schöpferin dieses Buches sein. Die eigene Lebensgeschichte zu erinnern, vergewissert uns unseres Weges, lässt uns in Kontakt sein mit unseren Wurzeln, lässt uns spüren, welchem „Stern" wir folgen und wer unsere Weggefährten sind.

Zugleich – so ist unser Gedanke – erzählen Sie Ihr Leben den Menschen, die Ihrem Herzen nahe sind; schreiben Sie für die Zeit, in der Sie nicht mehr im Kreis Ihrer Lieben sein werden. So lädt das Buch „An meine Lieben" ein zu einer Zwiesprache mit Ihrer eigenen Lebensgeschichte, gerade so aber richtet es sich an Angehörige und Freunde.

Es wird ein großes Geschenk sein, wenn die Ihnen vertrauten Menschen von Ihrem Leben hören, wenn sie Bilder aus Ihrem Leben anschauen, und Sie selbst sind nicht mehr bei ihnen. Noch einmal werden die Menschen Ihrer Liebe intensiv Anteil nehmen an dem, was Sie bewegt hat in Ihrem Leben, was Grund war zur Freude und Trauer. Wann immer Ihre Lieben dieses Buch in Händen halten, wird es eine Brücke sein in das Leben, das Sie gemeinsam gelebt haben und das der Tod nicht auslöscht.

Vielleicht gibt Ihnen das Schreiben des Buches an Ihre Lieben Mut, das eine oder andere mit ihnen zu besprechen. Doch bleibt es Ihre Entscheidung, was Sie zunächst nur diesem Buch anvertrauen wollen und worüber Sie schon „zu Lebzeiten" sprechen möchten.

Wichtig ist nur, dass Sie den Menschen, für die Sie dieses Buch bestimmen, davon mitteilen. So wissen diese, dass eines Tages das Buch für sie bereit liegt.

Es ist ganz sicher kein Leichtes, sein Haus zu bestellen und gar, wie hier, darüber auch noch „Buch zu führen". Wir hoffen, dass Ihnen die Erfahrungen und Gedanken unseres Buches Mut machen, Ihr eigenes Buch zu schreiben. Für die Arbeit an Ihrem Buch „An meine Lieben" wünschen wir Ihnen, dass Sie sich schmerzliche Gefühle und Tränen nicht verbieten, dass Sie der Freude und dem Lächeln Ihrer Erinnerung vertrauen, dass Sie mit Wärme im Herzen und Dankbarkeit die Zeit begrüßen, die das Leben Ihnen noch schenken wird.

Hubert Böke, Lene Knudsen

1. TEIL

ICH BEGEGNE MEINER ENDLICHKEIT

Zur Blume im Inneren
führen vier Wege,
aber es ist fast egal,
welchen man geht,
alle kommen dahin.

Ich denke mir oft, dass ich vor der Geburt von meiner Mutter umgeben war, in ihrem Leib, ohne sie zu kennen.

Dann brachte sie mich zur Welt, und ich kenne sie nun und lebe mit ihr.

So, glaube ich, sind wir als Lebende von Gott umgeben, ohne ihn zu erkennen.

Wenn wir sterben, werden wir ihn erfahren so wie ein Kind seine Mutter, und mit ihm sein. Warum sollte ich den Tod fürchten?

Carl Zuckmayer
Auszug aus einem Dialog in einem Theaterstück

MITTEN IM LEBEN
SIND WIR VOM TOD UMFANGEN

„Gott, lehre uns bedenken, dass wir sterben müssen,
auf dass wir klug werden."

(Psalm 90)

Uralte Worte aus anderer Zeit, aus einer Welt, in der Tod und Sterben nicht an den Grenzen des Lebens begegneten, sondern – wie es im mittelalterlichen Lied heißt:
„Mitten im Leben sind wir vom Tod umfangen."
Was soll uns Heutigen die Klugheit jener Zeit? Ist es nicht in unserer Welt des Machbaren gelungen, mit allen medizinischen und sozialen Erfolgen den Tod an den Rand des Lebens zu verdrängen? In den Vorbereitungskursen unseres ambulanten Hospizes ist für die ehrenamtlichen Mitarbeiterinnen ein ganz wichtiges Thema der eigenen Auseinandersetzung: „Auch ich bin ein sterblicher Mensch."
Wer Menschen begleiten will auf ihrer letzten Wegstrecke, kann das nur tun, wenn er sich auf das Thema seiner eigenen Sterblichkeit einlässt. Wir haben die Erfahrung gemacht, dass dieses Thema vielen zunächst Angst macht. Da jedoch, wo Menschen sich im Gespräch darauf einlassen, wird immer eine große Erleichterung erlebt. Es ist, als könne man endlich die lange und krampfhaft zugehaltene Türklinke loslassen und gemeinsam mit anderen einen Blick hinter die Tür wagen – ohne dabei Schaden zu nehmen: eher mit dem Gefühl der Befreiung!
Das Bedenken der eigenen Sterblichkeit lehrt, sein Leben mit größerer Intensität zu leben und zu lieben. Im Angesicht des Todes gewinnt unser Leben seine Einmaligkeit, seinen unschätzbaren Wert. So wird der Tod zum Lehrer des Lebens.

Doch wird wohl jeder, der diese Türe öffnet, auch zurückschrecken. Angst und Furcht sind die großen Schatten unserer Sterblichkeit. Viele sagen: „Vor dem Tod, vor dem, was danach kommt (oder nicht kommt), habe ich weniger Angst als vor dem Sterben." Angst vor dem „Wie" der letzten Wegstrecke. Wir alle wissen nicht, ob auf uns langes Leiden und ein schweres Sterben zukommen oder ob, wie viele sagen, der Tod es „gnädig" mit uns meinen wird und wir „kurz und schmerzlos" gehen werden.

Unser Nicht-Vorauswissen, das Empfinden, gerade diese letzte Wegstrecke nicht selbst in der Hand und im Griff zu haben, machen Angst. Es ist nur klug, sich selbst (und anderen) das einzugestehen.

Angst kann lähmen. Ich kann versuchen, sie beiseitezudrängen. Dann holt sie mich an anderer Stelle wieder ein (wie im Märchen vom „Tod im Pflaumenbaum").

Der andere Weg ist, dieser Angst zu begegnen, ihr standzuhalten, zu lernen, mit ihr zu leben. Wenn ich lerne, meiner Sterblichkeit nicht davonzulaufen, werde ich die Energie aufbringen, aktiv mit ihren Folgen umzugehen. Was kann ich tun und klären?

Zu allen Zeiten war es ratsam, „sein Haus zu bestellen"; sein Testament zu machen; „unerledigte Geschäfte zu erledigen" – wie Elisabeth Kübler-Ross es rät; vorauszubestimmen, soweit wir es vermögen, was für die letzte Wegstrecke und die Zeit danach von Wichtigkeit ist. Dazu mögen heute all die Dinge gehören, die wir in diesem Buch ansprechen. Allemal ist es ein gutes Gefühl zu wissen, dass nach mir nicht die Sintflut kommen wird.

Im Buch „An meine Lieben" laden wir Sie ein, Ihre Lebensgeschichte für sich selbst und für Ihre Angehörigen und Weggefährten aufzuschreiben. Auch das wird ein Gefühl der Gelassenheit bestärken. Vielleicht wird das bewusste Erinnern Sie versöhnen mit Zeiten Ihres Lebens, die auf Ihnen lasten.

Erinnern hat große Macht. Alles, was wir erlebt haben, und – mehr als das – die Geschichte unserer Familie, unserer Vorfahren bleibt ein lebendiger Teil von uns selbst. Wir sind auch heute noch das Kind in den Armen der Mutter; der junge Mensch, der seinen Weg ins Leben sucht; der Erwachsene, der sein „eigenes Nest" baut und seinen Platz in der Welt sich schafft; und – selbst wenn wir noch jünger sind – in uns ist schon heute die alte Frau, der alte Mann, die wir – wenn das Schicksal es will – einmal sein werden.

Mit dem aktiven Aufschreiben der eigenen Geschichte mag es geschehen, dass mir der „rote Faden" im meinem Leben sichtbarer wird, dass ich ahne, warum mein Leben so wurde, wie es ist. Bedenke ich mein Leben und seinen Sinn, mag mir auch der Gedanke an die eigene Sterblichkeit sinnvoll werden. Ich vermag schon heute, vieles für mich zu klären. Ich kann mein „Haus bestellen", ich kann mein Leben erinnern und erzählen.

Vielleicht vermag ich auch, eine Vorstellung davon zu entwickeln, wie ich es mit der „Wahrheit" halten will, wenn die Zeit gekommen ist. Will ich von den Ärzten in aller Klarheit wissen, wie es um mich steht?

Und wie werde ich es mit der „Wahrheit" halten bei den Menschen meines Vertrauens? In der Begleitung erleben wir immer wieder, dass Angehörige den Sterbenden schützen wollen vor der „grausamen Wahrheit". Gerade so will auch der Schwerkranke oft seine Angehörigen schützen vor seinen Ahnungen und Gefühlen. Leichter ist es vielen, mit Fremden oder Fernerstehenden offen zu reden. Die vertrautesten Menschen sind meist „zu nah". So weint jeder seine Tränen und hat die größte Not, sie in Gegenwart des anderen zurückzuhalten. Entlastung, manchmal geradezu Befreiung geschieht oft dort, wo Menschen es schaffen, ihr verschlossenes Visier zu öffnen und mit dem Verstecken aufzuhören. Die Erfahrung zeigt, dass der Sterbende zumeist sehr genau darum weiß, „was die Stunde geschlagen hat". Wenn die gegenseitigen Beschwichtigungen aufhören, wenn es möglich wird, die Gefühle gegenseitig auszuhalten, wird der Weg nicht weniger schmerzlich sein, aber es mag gelingen, den Weg bis zur „Grenze" gemeinsam zu gehen.

„Wir waren immer ehrlich zueinander. Lass es uns jetzt auch sein." In unserer Familie haben wir miterlebt, wie gut solche Ehrlichkeit voreinander tut.

Beide haben sie gespürt, dass sie die nahe Goldhochzeit nicht mehr miteinander erleben würden. Die sterbende Ehefrau selbst hat darum gebeten, ein „kleines Fest vor der Zeit" zu feiern, im engsten Kreis, mit dem Champagner, der schon bereitstand für die spätere Goldhochzeit. Es war ein leises Fest, mit Tränen und Lachen und tausend Erinnerungen. „Wir haben es gut miteinander gehabt. Jeg siger tak! Ich danke dir!" – Die Sterbende hatte ihrem Mann noch vieles zu sagen, zumeist ganz praktische Dinge: Die Papiere findest du dort; so funktioniert die Waschmaschine; das müssen wir noch klären.

Am Ende ist sie ganz still eingeschlafen. Ihr Mann und ihre Schwester saßen bei ihr, tranken Kaffee, erzählten leise miteinander. Nach einer Weile erst haben sie wahrgenommen, dass sie nicht mehr atmete. In seinen Armen ist sie dann gegangen. Die beiden haben es gehalten, wie sie es erbeten hatte: „Wir waren immer ehrlich zueinander. Lass es uns auch jetzt sein!"

Wir können heute nicht wissen, wie wir später einmal empfinden und handeln werden. Doch können wir heute schon das klären und bestimmen, was wir überschauen. Dazu ist es gut, um bestimmte Dinge zu wissen:

Viele Menschen haben große Angst vor unerträglichen Schmerzen. Wichtig ist zu wissen, dass heute eine gute Palliativmedizin (palliativ = lindernd im Gegensatz zur kurativen = heilenden Medizin) in den allermeisten Fällen, gerade auch bei Krebserkrankungen, eine Therapie ermöglicht, die vor schlimmem Schmerz bewahrt und weiteren Krankheitssymptomen wie Übelkeit, Luftnot, Unruhe und Ängsten entgegenwirkt. Dabei behandelt die Palliativmedizin nicht nur konsequent die körperlichen Beschwerden und Folgen der Erkrankung, sondern hat auch seelisch-soziale Schmerzverstärker im Blick. Das Ziel der Therapie ist es, so lange und so weit als möglich Lebensqualität in der Schwersterkrankung zu ermöglichen.

Lange Zeit war Deutschland ein Entwicklungsland in Sachen Palliativmedizin. 1998 wurde der erste Lehrstuhl in Aachen eingerichtet. Es gibt mittlerweile eine ganze Anzahl von klinischen Palliativeinrichtungen und Schmerzambulanzen. Der Erfahrungs- und Wissensstand der jeweiligen Ärzte ist allerdings auch heute noch sehr unterschiedlich. Es ist ratsam, sich bei dem eigenen Hausarzt zu vergewissern, inwieweit er oder sie schmerztherapeutische Erfahrung hat. Ebenso ist es ratsam, mit dem Arzt seines Vertrauens die getroffenen Bestimmungen einer Patientenverfügung durchzusprechen und bei ihm zu hinterlegen.

In den zurückliegenden Jahrzehnten tritt das Thema Tod und Sterben wieder aus dem gesellschaftlichen Schatten heraus. Einen entscheidenden Anteil daran hat die gebürtige Schweizerin und Wahlamerikanerin Elisabeth Kübler-Ross. 1969 veröffentlichte die Ärztin ihr Buch: „On Death and Dying" („Interviews mit Sterbenden") und machte damit weltweit ein Tabuthema öffentlich.

Eine wesentliche Erkenntnis ihrer Arbeit mit sterbenden Menschen ist die Beschreibung von fünf „Sterbephasen". Jeder Mensch stirbt seinen Tod, doch gibt es in aller individuellen Unterschiedenheit verwandte Erfahrungsmuster. Kübler-Ross selbst warnt vor einem schematischen Verständnis des Sterbeprozesses. Die von ihr beschriebenen Phasen verlaufen keineswegs gradlinig, sondern eher wie Serpentinen. Phasen wiederholen sich. Einer Zeit der Annahme z.B. kann unmittelbar darauf eine erneute Phase der Trauer oder des Zorns folgen.

Die „Sterbephasen" nach Kübler-Ross: Die Diagnose (oder die Ahnung) des bevorstehenden Todes führt zum Schock, zur Verdrängung, zu einem Nicht-wahr-haben-Wollen (Phase 1).

Es folgt eine Zeit der aufbrechenden Gefühle, des Protestes, des Zorns (Phase 2). Danach kommt eine Zeit des Verhandelns, des Versuchs, das Unvermeidbare noch abzuwenden (Phase 3). Im Gefühl der Ausweglosigkeit kommt es zum Rückzug in die innere Welt, zur Depression (Phase 4). Heute wird eher von der Phase des Trauerns gesprochen. Depression ist ein Begriff aus der Krankheitslehre. Die Trauer des Sterbenden aber ist kein Zeichen seelischer Erkrankung. Er muss Abschied nehmen von allem, was ihm lieb und wert ist. Er muss ungelöst zurücklassen, was er nicht mehr hat klären können. Ein Sterbender ist immer auch ein Trauernder.

Der tiefen Trauer kann folgen die Zeit der Annahme des Schicksals, sterben zu müssen (Phase 5). Gerade hier wird deutlich, dass nicht jeder Mensch sozusagen automatisch sich zur Annahme hinbewegt. Es gibt Menschen, die sich bis zum letzten Atemzug gegen den Tod aufbäumen und körperlich – seelisch erschöpft das Unvermeidbare über sich ergehen lassen, hinnehmen. Die innere Einwilligung hat oftmals eine Beziehung zur Lebensbilanz, zu Zweifel und Hoffnung, zur Klärung „unerledigter Geschäfte". Kann ein Mensch „Ja" sagen zu seinem Leben, ist es oftmals leichter, auch „Ja" zum Tod zu sagen.

Für die eigene Auseinandersetzung und ebenso für Menschen, die beruflich oder in ihrem persönlichen Umfeld Sterbende begleiten, ist es gut, um diese Erfahrungsmuster zu wissen. Ihre Beschreibung eröffnet – bei aller individuellen Unterschiedenheit! – eine Ahnung vom inneren Erleben eines Sterbenden.

Vorsicht ist angesagt, wo ein Mensch meint, dass das Wissen um die Sterbephasen den Weg erspart und er sozusagen gleich mit der Annahme beginnen könne. Wer immer an seinem Leben hängt, wird durch das „Tal der Trauer und des Zorns" hindurch müssen. Der Trost mag darin liegen, dass wir durchs „dunkle Tal" hindurch zur Annahme des Sterbens finden können. Das ist die Botschaft von Elisabeth Kübler-Ross.

Was aber geschieht an dieser Grenze zwischen Leben und Tod? Seit der amerikanische Arzt Raymond Moody seine Untersuchungen von Nahtoderfahrungen 1975 veröffentlicht hat („Life after Life", „Leben nach dem Tod"), reißt die Diskussion um diese Erfahrungen von Menschen nicht ab, die – klinisch tot – durch ärztliche Kunst wieder ins Leben zurückgeholt wurden.

Es gibt einen Streit in der Deutung dieser Erfahrungen, die oft mit wunderschönem Licht verbunden sind und sehr positiv erlebt werden. Sind es euphorische Halluzinationen, ausgelöst durch körpereigene Morphine, mit denen die Psyche sich schützt? Oder haben hier Menschen wirklich „über die Grenze" hinausgeschaut in eine andere Dimension, die wissenschaftliche Methodik nicht zu fassen vermag?

In unserer Arbeit begegnen uns immer wieder Menschen, die tiefbewegt von solchen Erfahrungen berichten. Fast ausschließlich sind die uns erzählten Erfahrungen Erlebnisse von großer Schönheit. Selten wird von dunklen Erfahrungen berichtet. Im Gespräch über solche Schattenerfahrungen öffnet sich zumeist auch dann noch ein Blick auf Lösendes, Ermutigendes. Wer immer solchen Erfahrungen mit offenem Herzen zuhört, wird selbst tief bewegt sein. Er wird eine Ahnung in sich spüren, dass das Sterben im Inneren des Menschen ganz anders geschieht, als wir es von außen wahrnehmen können. Eines ist festzuhalten: Die „Zurückgekehrten" waren Sterbende, sie waren nicht tot. Was danach kommen wird, bleibt ein Geheimnis bis zu jenem Tag, an dem wir selbst über diese Grenze gehen werden.

Doch haben die uns erzählten Grenzerfahrungen unsere Hoffnung bestärkt, dass dieser letzte Weg uns „nach Hause" führen wird. Zwei Erfahrungen sollen für viele stehen: „Warum habt ihr mich zurückgeholt?", klagt die alte Dame. Sie erzählt: Unter einem mächtigen Baum waren alle versammelt, um sie willkommen zu heißen. Viele Menschen in weißen Gewändern waren da, viele liebe Gesichter, ihre Eltern, Geschwister, Freunde. Andere hatte sie nie zuvor gesehen, und doch waren sie ihr nicht fremd: „Ich freue mich, wieder nach Hause zu kommen."

Ein Naturwissenschaftler, ein überzeugter Atheist, erzählte von seiner „Lichterfahrung": „Ich flog auf ein großes, warmes Licht zu. Es war unglaublich schön!" – Er wollte diese Erfahrung nicht einordnen, sein ganz persönlicher Schluss aber war: „Ich habe keine Angst mehr vor dem Tod. Ich weiß, dass ich nicht verloren gehe."

Lene Knudsen

DER TOD IM PFLAUMENBAUM

Einst lebte eine Frau, die war ringsumher in den Dörfern hochgeschätzt. Wo immer sie es vermochte, half sie Menschen in ihrer Not. Auch war ihr die Gabe des Heilens gegeben. Kein Tag verging, da nicht Menschen an ihre Türe klopften und Hilfe erbaten.

Im Traum erschien ihr eines Nachts ein alter Weiser. Der sprach: „Weil du ein weites Herz für die Not der Menschen hast, sei dir ein Wunsch frei."

Da kam der Frau das Bild ihres geliebten Pflaumenbaumes vor Augen: „Wer immer in meinen Pflaumenbaum einsteigt, über den lass mich Macht haben, ihn dort zu bannen!"

Der Weise gewährte ihr die Erfüllung ihres Wunsches.

Eine Zeit haderte die Frau mit sich selbst. Was alles hätte sie sich mit ihrem Wunsch erfüllen können, wieviel Gutes hätte sie zu bewirken vermocht. Doch mit der Zeit verblasste der Traum. Sie lebte ihr Leben wie alle Tage. Darüber wurde sie alt.

Jahre später erst verstand sie die Klugheit ihres Wunsches. Als sie in ihren Garten trat, stand da der Tod. Der wollte sie holen. Großer Schrecken fuhr ihr in die Glieder. In ihrem Kopfe kreisten die Gedanken und suchten einen Ausweg. Ihr Blick fiel auf ihren alten Freund, den Pflaumenbaum. Er hatte sie so lange beschenkt mit guten Früchten. Sollte nun alles zu Ende sein?

Klammheimliches Lächeln kam über sie. Mit gewählten Worten bat sie den Tod, dass er ihr eine Bitte erfüllen möge. Dann wolle sie mit ihm gehen.

„Pflück' mir doch von den Pflaumen dieses Baumes, dass mir nicht hungert auf der Reise mit dir."

Freundlich gewährte der Tod ihr die Bitte. Er stieg in den Baum hinauf und pflückte ihr eine Hand voll Früchte. Als er aber wieder herabsteigen wollte, war er gebannt.

„Was tust du da, Frau?! Weißt du nicht, wie groß meine Aufgabe ist in dieser Welt? Glaubst du, du hast das Recht, den Tod um eines Menschen willen aufzuhalten?"

Die Frau floh ihren Garten und wollte den Tod für immer vergessen. Ihre früher so frohen Tage schleppten sich nun dahin. Kein Mensch mehr klopfte an ihre Türen, um Hilfe zu erbitten. „Hab ich am Ende mit dem Tod alle Krankheit und Not gebannt?" Doch blieb in ihrem Herzen eine unnennbare Furcht.

Nicht lange wars, da kamen aufs neue Menschen an ihre Türe. Doch erbaten sie nicht Heilung von allerlei Krankheit. Vielmehr brachten sie große Klage vor: „Weißt du nicht, wieviele Menschen den Tod herbeiflehen, dass er sie erlöse aus unheilbarer Krankheit?"

Wieder andere waren Boten der Alten, die ihr Leben gelebt hatten und nichts sehnlicher wünschten, als sich zu ihren Ahnen zu versammeln. Boten kamen in immer größerer Zahl und aus allen Landen der Welt. Sie forderten von ihr: „Verschließ dein Herz nicht länger vor der Not. Lass den Tod frei!" Die Alte verschloss ihre Ohren und hörte nur auf ihre eigene Angst. Sollten die Menschen doch froh sein, dass der alte Feind gebannt war.

Doch wurde sie selbst ihres Lebens nicht mehr froh. Des Nachts quälten sie üble Träume. Am Tage musste sie ihre Türen vor den Bittstellern verschlossen halten. In ihren Garten aber wagte sie nicht mehr zu gehen, denn im Pflaumenbaum saß der Tod.

An einem Morgen hielt sie es nicht mehr aus in ihrem Gefängnis. Es war noch still und dunkel. Ganz leise öffnete sie die Türe. Auf Zehenspitzen schlich sie sich in ihren Garten. Kaum wagte sie zu atmen. So stand sie und wartete. Worauf?

„Kommst du endlich!", sagte die Stimme im Pflaumenbaum. „Was gibst du mir, wenn ich dich freigebe?"

„Nichts, was ich euch Menschen nicht immer schon gewähre." „Verschonst du mich?!" – „Ich bin der Tod."
„So bleibe, wo du bist!"
Am Ende des Tages wollten die klagenden Boten nicht mehr schweigen. Unablässig rüttelten sie an ihren Türen und schrien: „Lass den Tod frei, lass den Tod frei!"
Die Alte floh aus ihrem Haus. Zitternd stand sie vor ihrem Feind. Der schaute herab vom Baum und wartete.
„Wenn ich dich dreimal gerufen habe, magst du kommen."
So rief sie den Tod, einmal, zweimal und – „warte noch ein Weilchen" – ganz leise, ein drittes Mal.
Der Tod sprang mit einem Satz vom Baum. Das Herz wollte der Frau stehenbleiben.
Da reichte ihr der Tod die Pflaumen, die er ihr gepflückt hatte. „Dass dir nicht hungert auf dem weiten Weg mit mir."
„Ist's weit, Tod?"
„Weit ist's schon. Doch führ ich dich gut.
Wenn die Sonne aufgeht, wirst du zu Hause sein."
Da machten sie sich auf den Weg und mit ihnen alle, die zu lange hatten warten müssen.

Hubert Böke, erzählt nach einem französischen Märchen

NACHTGEBET

(dem Freund Kurt Hirschfeld)

Junge Leute werden manchmal wach
Und wissen, dass sie sterben müssen.
Dann erschauern sie kurz,
Und sehen verschiedene Bilder,
Und denken:
Jeder muss sterben, und
Es ist noch Zeit.

Alte Leute werden manchmal wach
Und wissen, dass sie sterben müssen.
Dann wird ihr Herz bang,
Denn sie haben gelernt,
Dass Niemand weiß, wie Sterben ist,
Dass keiner wiederkam, davon zu künden,
Dass sie allein sind, wenn das Letzte kommt,
Und wenn sie weise sind,
Dann beten sie.
Und schlummern weiter.

Carl Zuckmayer

WIE INSELN IM WIND

Es ist gut, wieder hier zu sein, am „Mirador del Rio", auf unserer „Süd-Insel".
Viele Jahre sind wir hierhergekommen, auf diese schöne, karge Insel aus Feuer und Stein. 10 Jahre sind vergangen seit Eriks Tod. Jetzt erst habe ich den Mut gefunden, wieder hierherzufliegen, nach Lanzarote. Und wie all die Male bin ich wieder hierherauf gefahren, zum „Mirador del Rio".
500 Meter fällt das Land senkrecht in den Atlantik hinab. Cesar Manrique, der große Künstler Lanzarotes, hat mit seinem Zauberstab eine Aussichtplattform mitten in die Felsen hinein erschaffen; als gehöre sie hierher, seit Anbeginn der Zeit. Nach Tausenden von Kilometern über den Ozean trifft hier der Nordostpassat auf Land, – ein Felsmassiv, das der Unendlichkeit trotzt.
Jetzt stehe ich wieder hier, allein am Rande der endlosen Weite, das Haar im Wind. Meine alte, wunde Seele fliegt mit den Möwen. Auf mächtigen Aufwinden segeln sie die Steilkante entlang. Ja, so haben wir es auf dem „Mirador" immer erlebt. Dieses Gefühl, Teil des großen Ganzen zu sein – als stünden wir hier in den ersten Tagen der Schöpfung, Zuschauer und Geschöpfe zugleich.
Und doch, es ist so anders, ohne Erik. Wo bist Du jetzt, Liebster? Meine Grüße steigen auf zu Dir, ob sie vom „Mirador" aus Dich finden, wo immer Du jetzt bist – in den Weiten der Ewigkeit, die ich nicht erreiche?
Lone, meine Freundin aus Kindertagen, ist mit mir auf die Insel geflogen. Allein hätte ich mich auch 10 Jahre nach Eriks Tod nicht getraut. Doch hierher, zum „Mirador", musste ich allein fahren. Mit dem Mietwagen bin ich die schwindelerregenden Serpentinen heraufgefahren. Ich habe es geschafft! Ich sollte mir selbst auf die Schulter klopfen. Langsam wird mein Atem ruhiger. Ich schaue über die Wei-

ten des Meeres. Drei Inseln liegen dort voraus. Wie Perlen auf einer Kette wachsen sie hinaus in den endlosen Ozean: La Graciosa, Montaña Clara, Alegranza.

Wie diese Inseln im Wind so erscheint mir heute mein Leben. La Graciosa, – 500 Meter unter mir, 1 Kilometer vielleicht vor der Nordspitze Lanzarotes – getrennt durch die Meeresenge el „Rio". Wir wollten immer einmal mit dem Fährschiff hinüberfahren. Es ist nichts daraus geworden.

La Graciosa, die Anmutige, die Schöne. – Schön war unser Leben. Wie lange ist es her, dass wir uns in Svendborg, auf

der dänischen Insel Fünen, kennen gelernt haben? Mein Gott, ich bin alt geworden. So gerne wären wir miteinander alt geworden! Aber Erik musste ein Reise antreten, – eine Reise so unendlich viel weiter als diese, meine Reise nach Lanzarote. Ja, unser Leben war schön. Viel Licht und Schatten genug. Je länger unsere Zeit zurückliegt, desto mehr sehe ich die bunten Blumen. Es ist wohl so, dass unsere Seele diese Fähigkeit hat, das Schöne und Gute zu bewahren. Wie könnten wir sonst überleben mit diesem Schmerz. Die Zeit mit Erik war meine längste Zeit und es war das Beste, was mir im Leben widerfahren ist.

Ich will nicht mehr klagen. Nach 10 Jahren ist der Schmerz leiser geworden. Ich lebe wieder! Das Grau in Grau ist länger schon den bunten Farben gewichen. Ich habe Freundinnen, Menschen, mit denen ich mein Leben teile. Wenige aus den jüngeren Jahren sind mir geblieben, wie Lone, meine „älteste" Freundin. Wir kannten uns schon lange vor meiner Zeit mit Erik. Neue Freundschaften habe ich mitten in der Trauer gefunden, andere Frauen, die wie ich ihren Mann verloren haben. Und, Gott sei Dank, ist da meine Familie. Jule, meine Tochter, John, mein Sohn, und seine Frau Lisa. Ich habe das große Glück, dass wir uns verstehen. Aber – und so soll es auch sein, sie leben ihr Leben. Ich habe immer gewusst, dass ich, als Erik ging, mein Leben neu aufbauen muss. Die Kinder können den Partner nicht ersetzen. Und sie sind auch nicht die Freunde der eigenen Generation, die ich brauche. Kirsten jedoch, meine Enkeltochter, lässt mein Großmutterherz schneller schlagen. In einer Woche kommt sie nachgeflogen, hierher nach Lanzarote. Vielleicht fahren wir beide noch einmal hierherauf. Ich will ihr diesen, unseren „magischen Ort" zeigen. Und – Lone hat mich darauf gebracht – ich werde für Kirsten ein kleines Buch schreiben, ein Buch vom Leben ihrer Großeltern, eine kleine Geschichte ihrer Familie. Sie war acht Jahre alt, als Erik starb. Sie hat ihren Großvater sehr geliebt. Natürlich, Kirsten ist ein Teenager, oder ist sie schon eine junge Frau? Ich werde ihr heute nicht alles erzählen, was meine Erinnerungen ausmacht. Sie muss erst in ihr eigenes Leben finden. Aber irgendwann – so war es bei mir – wird sie mehr wissen wollen, von ihrer Familie, von den „Alten", die dann nicht mehr da sind, um sie zu fragen. Lone hat mir von einem Buch erzählt, das seine Leser einlädt, ihr eigenes Buch zu schreiben – ein „Buch an meine Lieben". Vielleicht werden auch John und Lisa mein Buch lesen, irgendwann wenn Beruf und Karriere nicht mehr so wichtig sein werden; – irgendwann, wenn ich nicht mehr hier bin und sie ihre Eltern noch einmal neu entdecken wollen.

Heute Abend werde ich beginnen zu schreiben. Dann werde ich erzählen von Erik und mir, wie wir hier oben standen, Arm in Arm, hinausschauten in die Unendlichkeit. Damals hat er gesagt als ich den Möwen nachschaute – ich erinnere mich, als wäre es gestern gewesen: „So wird das wohl einmal sein, wenn wir unseren Lebensberg bestiegen haben. Dann werden unserer Seele Flügel wachsen und wir fliegen hinaus in die Unendlichkeit." Ich habe Erik fest im Arm gehalten. Wir haben uns ganz nah gespürt und beide gehofft, dass das noch eine unendliche Zeit dauern sollte.

Jetzt stehe ich wieder hier, wo die Ewigkeit anfängt. Es tut weh, aber ich höre Deine Stimme: „Ich will, dass es Dir gut geht, mein Mädchen." Ich weiß, dass es Deine größte Freude ist. Das wolltest Du immer, dass es mir gut geht.

Was glaubst Du, warum ich nach Lanzarote gekommen bin? Ich will es mir ja gut gehen lassen. Doch, jeder Weg und jeder Steg erinnern mich an Dich!

Morgen fahren Lone und ich nach Jameos del Agua. Ich erinnere mich, wie sehr wir damals gelacht haben – Erik und ich, hinterher. Wir hatten schon die Eintrittskarten für die „Cuervas Verdes" gekauft, – ein grandioses Höhlensystem, durch das in frühen Zeiten flüssige Lava zum Meer floss. Aber Erik und John, die beiden Helden, haben gepasst. Als der Einstieg in die Höhle immer enger wurde und es tiefer und tiefer hinabging, haben sie sich an den nachdrängenden Touristen vorbei wieder nach oben geschoben. Uns beiden Frauen blieb nichts anderes übrig, als mit ihnen umzukehren. John, er war damals 9 Jahre alt, hatte sich zum Beschützer seines Vaters erklärt. Erik hatte die Klaustrophobie wieder eingeholt. Aber an Johns weißer Nasenspitze sah ich, wie froh auch er war, diesem „Hölleneingang" entronnen zu sein. Die 7-jährige Jule war hinter uns hergetapst, an meiner Hand, erst runter, dann wieder rauf. Das alles war ihr unheimlich. Bis es Eis gab und wir alle wieder obenauf waren.

Ich könnte so Vieles erzählen. Aber ich werde Kirsten nicht mit Kleingedrucktem belästigen und will mich in meinem Buch auf das Wesentliche konzentrieren. Dazu ein paar solcher Anekdoten, damit es lesbar wird. Mal sehen, wohin mich meine Vorsätze führen. Ich denke, es wird auch mir gut tun, unser Leben noch einmal an mir Revue passieren zu lassen.

Das Leben hat wirklich viel für mich bereitgehalten. Licht und Schatten, Höhen und Tiefen. Als die Kinder kamen, habe ich erst einmal meinen Beruf hintenangestellt. Das war nicht immer leicht. Muttersein ist ja schön anstrengend. Als John und Jule älter waren und die Mutter nicht mehr rund um die Uhr brauchten, bin ich halbtags wieder in den Beruf eingestiegen. Was mir ein Leben lang geholfen hat, auch in allen Anspannungen bei mir zu bleiben, ist das Malen. Ich bin wohl keine begnadete Künstlerin, aber irgendwie liegt mir das Malen immer schon im Blut.

Dort liegt sie, die kleinste der drei Inseln: Montaña Clara. Ein Vulkan mit zwei Schlotkegeln; – weiter draußen im Meer, aber immer noch mit klaren, scharfen Konturen. Die zweite Perle auf der Kette, die in den Atlantik hinauswächst.

Am liebsten waren mir immer solche Bilder, Bilder mit klaren Linien: das Meer, die Küste, weite Landschaften. Eine alte Frau hat mich einmal angesprochen: „Sie haben so klare Augen." Vielleicht hat sie gemeint, dass ich einen guten Blick für Menschen habe, dass ich etwas verstehe von der Seele eines Menschen und hinter allen Masken den Menschen erahne, wie er eigentlich sein kann.

Ich bin Dänin. Jetzt bin ich wieder hier, auf unserer „Süd-Insel". Meine Heimat aber ist der Norden. Dort habe ich meine Kindheit und Jugend verbracht. Bis ich Erik kennen lernte, wir heirateten und „südwärts" zogen, – über die Grenze nach Flensburg. Wenn ich hier stehe, am Rande der Unendlichkeit, frage ich die Möwen, die auf's Meer hinausfliegen: Wie weit muss einer fliegen, um nach Hause zu kommen? Weit hinaus müsste ich fliegen, weit hinaus auch über die letzte der drei Inseln, die dort im Dunst der Ferne liegt: Alegranza.

Alegranza, weit draußen, 12 km² groß, unbewohnte Heimat zehntausender Seevögel. Auch mein Land zwischen Nord- und Ostsee ist ein Land der Seevögel, 7000 Kilometer Küste, ein Land mit weitem Himmel mitten im Meer.

Wenn ich vom Mirador hinausschaue nach Alegranza, wenn ich zurückschaue auf die Zeit, die ich in Dänemark gelebt habe, dann ist es eine warme, fröhliche Erinnerung. Obwohl das Leben meiner Familie unter einem dunklen Stern gestanden hat. Meine Eltern starben bei einem Segeltörn im Skagerag. Ein plötzlicher Sturm und kein Entrinnen, da wo die Nord- und die Ostsee aufeinanderprallen. Ich war vier Jahre alt. Und doch habe ich einen sicheren Hafen gefunden. Mein morfar, meine mormor, die Eltern meiner Mutter, sie waren für mich mein Fels in der Brandung. Sie haben unendlich getrauert, um ihre Tochter, um meinen Vater. Aber sie haben ihrer Enkeltochter alle Liebe geschenkt. Was ich heute bin, verdanke ich ihnen. Von ihnen Abschied nehmen zu müssen war mir das Schwerste im Leben. Und Eriks Tod. Über meine Großeltern werde ich viel zu schreiben haben. Kirsten soll von ihnen wissen. Alles was ich erinnern kann.

Eines kann ich nur aufschreiben. Kirsten wird es selbst hören müssen und doch wird es für sie keine wirkliche Bedeutung haben: der Klang der Rathausglocken. Der Glockenschlag meiner Kindheit und Jugend in Kopenhagen. Wenn ich hinauslausche über die Weite des Meeres, nach Norden, meine ich, sie tief in mir drinnen zu hören. An dem Tag, an dem ich meine große Reise antreten werde, da bin ich ganz gewiss, werden sie für mich läuten, wo immer ich bin. Wenn ich ihren

Klang höre, wird mein Sonnenschiff weiße Segel setzen und hinüberfahren, an das andere Ufer der Welt. Und wir werden uns wiedersehen, in jenem schönen Land, das Gott für uns geschaffen hat, dort, wohin Erik gegangen ist, weit über das Meer. Dort, wo meine Eltern leben und meine Großeltern. Die, die ich alle so sehr vermisse.

„Jetzt komm mal wieder runter von Deinem Höhenflug." Ich sehe Lone vor mir, mit beiden Beinen auf der Erde. Würde ich sie an meinen weitschweifenden Gedanken teilhaben lassen, könnte ich mich auf eine harsche Gardinenpredigt gefasst machen. „Noch lebst Du hier, auf dieser Erde." Sie hat ja Recht. Ich habe noch so manches in diesem Leben vor. Ich will sehen, wie Kirsten ihren Weg geht. Ich hoffe, so Gott will, noch gute Jahre zu leben. Ich weiß ja, Erik hat es nicht eilig. Tausend Jahre auf der Erde sind nur ein Tag in der Ewigkeit. Und Du willst ja, dass es mir gut geht.

Ja, ich freue mich wie ein kleines Kind, dass Kirsten kommt. Ich will die Insel mit ihr noch einmal neu entdecken. Wenn sie es will, fahren wir hinauf in die Feuerberge, die „Montañas del Fuego"; wir spazieren über den Marktplatz der alten Hauptstadt Teguise und machen einen Bummel durch die vielen kleinen Boutiquen. Und – vielleicht schaffen wir beide es ja, hinauszufahren nach „La Graciosa", hinaus zu den Inseln im Wind.

Hubert Böke

DIE SEELE WEISS, WOHIN SIE GEHT

Wir sind miteinander im Gespräch.
Die alte Dame hat vor einigen Tagen erfahren, dass sie an einem unheilbaren Tumor erkrankt ist. Sie ist seltsam gefasst.
„Wenn es Zeit ist zu gehen, dann bin ich bereit."
Sie erzählt ihren Traum.
„Ich bin gefangen in einem dunklen, engen Erdloch. Ich habe schreckliche Angst. Wie lange ich dort bin, weiß ich nicht. Mit einem Mal ist alles verwandelt.
Ich laufe durch einen wunderschönen Wald. Alles ist licht und weit. Die Angst ist verflogen.
Herrlicher, frischer Waldgeruch liegt in der Luft. Dieser Wald ist unbeschreibbar schön und – er ist irgendwie anders.
Ich sehe Bäume und Blumen in allen Jahreszeiten. Blühende

Bäume im Frühling, sattes Sommergrün, leuchtende Herbstfarben. Nur Schnee kann ich nirgendwo sehen."
Als wir über ihren Traum sprechen, ist ihr bewusst: Das dunkle, enge Erdloch ist ihr Grab. Zunächst hatte sie nur diese Hälfte des Traumes erzählt, und ich spüre bei mir selbst einen großen Schrecken. Wir sprechen darüber. Jetzt erst erzählt sie von der anderen Hälfte des Traumes, von diesem unsagbar guten Gefühl: In meinem Wald werde ich unendlich glücklich sein. Im Traum hat die alte Dame ihren „Ort des Friedens" gefunden, den Ort, an den der Tod sie sehr bald führen wird. Jetzt erst verstehe ich ihre gefasste Ruhe. Es ist nicht ein Überdrüssigsein am Leben. Sie ist eine sehr lebendige alte Dame. Ihren Haushalt hat sie bislang selbst geführt, ist viel gereist. Sie liebt ihren Garten, ihre Musik. Ihr größter Wunsch ist es, noch einmal nach Hause zu kommen.

Ihre Familie erfüllt ihr diesen Wunsch. Nach Abbruch einer nurmehr belastenden Bestrahlung schläft sie friedlich im Beisein ihrer Liebsten ein.

Ich habe sie dort, in ihrem Haus, am Tag vor ihrem Sterben besucht. Ich komme in ein stilles, friedliches Haus. Es hat manches noch Mühe und Not gemacht. Doch ihr inneres Einwilligen und die liebevolle Unterstützung ihrer Familie lassen sie in Frieden gehen.

Vor meinem Abschied spreche ich sie noch einmal auf ihren großen Traum an. Behutsam halten wir uns für eine Weile bei der Hand: „Nun werden Sie bald dort sein, in Ihrem wunderschönen Wald."

In den Tagen nach ihrem Traum war sie in Tagträumen immer wieder durch ihren Wald gewandert. Sie hatte Ausschau gehalten nach ihrem vor vielen Jahren verstorbenen Mann. Es war eine große Gewissheit in ihr: Irgendwann wird er mir dort begegnen.

Ich spüre, dass ihre inneren Augen hinüberschauen, und sage: „Jetzt werden Sie Ihrem Mann bald begegnen. Er wartet auf Sie." Ich war mir nicht sicher, ob ich sie darauf ansprechen durfte. Das Strahlen auf ihrem eingefallenen Gesicht werde ich nicht vergessen. Ich kann es nicht beschreiben. Ich habe nie ein solches Strahlen auf dem Gesicht eines Menschen gesehen.

Im Krankenhaus hatte ich ihr ein kleines Büchlein mit Worten Martin Luthers geschenkt. Später sagte sie mir, dass der Luthertext sie nicht so sehr angesprochen habe wie das Bild eines herbstlichen Waldweges. Dieses Bild hat sie immer wieder angeschaut. Es entsprach offenbar ihrem Traumbild, ihrem ganz eigenen Bild vom Übergang, vom Ort des Friedens jenseits des Todes.

Ihr Sohn hatte ihr im Laufe der Jahre viele seiner faszinierenden Fotografien zum Geschenk gemacht. Unter all diesen Bildern hat sie dieses immer wieder angeschaut: ein Wald, in strahlendes Licht getaucht. Es war ihr „Seelenbild" von Tod und Leben. Ein großes Geschenk ihrer Seele in schwerer Zeit.

Ich ahne, dass dieses „innere Bild" der Wegführer war für ihre letzte Reise. Tief im Inneren wusste sie: Ich komme an einen wunderschönen Ort, ich begegne den geliebten Menschen, die vor mir gegangen sind.

Warum erzähle ich Ihnen von der alten Dame und ihrem „Seelenbild"? Zum einen, weil mich diese Erfahrung sehr berührt hat. Vor allem aber, weil ich meine, dass jeder Mensch tief in seinem Inneren Träume, Bilder, Visionen hat von dem Ort, an den wir eines Tages gerufen werden. Zugang zu finden zu diesen Bildern ist heute für die meisten Menschen nicht leicht. Wir sind zumeist nicht mehr vertraut mit „inneren Bildern". Zudem sind die Zugänge oftmals verschüttet unter Ängsten und Furcht.

Doch lohnt es, unsere inneren Bilder und Ahnungen vom Grund unserer Seele aufsteigen zu lassen. Gedanken und Vorstellungen allein sind in jenem Grenzbereich zwischen Leben und Tod keine guten Führer. Verlassen aber können wir uns auf diese Bilder und Ahnungen aus unserem Innersten.

Jeder Mensch hat seine Bilder, verwandt oft mit denen anderer Menschen – und doch ganz eigen.

Mich hat das Seelenbild der alten Dame tief berührt. In meinen Träumen aber ist mir vor Jahren ein ganz anderes Bild aufgestiegen:

Ich stand an einem weißsandigen Meeresstrand. Das kristallklare Wasser lockte: Spring, schwimm, lebe! In weiter Ferne zog sich eine dunkle Felsenkette über den Horizont: die „letzte Grenze", der Tod. Ich hatte große Angst – bis ich sah: Inmitten dieses dunklen Riffs ist ein Durchbruch, eine Straße aufs weite, offene Meer hinaus.

Dies ist mein „Seelenbild" von Leben und Tod. Vielleicht wird es eines Tages Wegführer sein auf meiner letzten Reise.

Jeder Mensch hat seine eigenen inneren Bilder.
Vielleicht haben Sie längst Ihr inneres Bild gefunden. Vielleicht regen Sie diese Erfahrungen an, ein solches Bild in Ihrem Inneren zu entdecken.
Mögen Sie Ihr Bild malen? Vielleicht wollen Sie auch einfach Ihre Gedanken, Ihre Gefühle, ein Bibelwort oder ein Gedicht aufschreiben? Vielleicht ist Ihnen auch ein Bild, eine Fotografie begegnet, das Ihrer Hoffnung verwandt ist – und Sie mögen es in dieses Buch legen?

Hubert Böke

WIR SIND WIE ZUGVÖGEL

Gott ist die Heimat aller Menschen.
Er ist unsere einzige Sehnsucht.
Gott ist im Innersten aller Kreatur verborgen und ruft uns.
Das ist die geheimnisvolle Ausstrahlung,
die von allen Wesen ausgeht.
Wir hören seinen Ruf in der Tiefe unseres Wesens,
wie die Lerche, die früh von ihrer Gefährtin geweckt
wird, oder wie Julia, die Romeo unter ihrem Balkon
pfeifen hört ...

Obwohl wir Gott nie gesehen haben,
sind wir wie Zugvögel, die an einem fremden Ort
geboren, doch eine geheimnisvolle Unruhe empfinden,
wenn der Winter naht, einen Ruf des Blutes,
eine Sehnsucht nach der frühlingshaften Heimat,
die sie nie gesehen haben und zu der sie aufbrechen,
ohne zu wissen, wohin.
Sie haben den Ruf des Gelobten Landes vernommen,
die Stimme des Geliebten, der ruft:
„Auf, meine Freundin! Du Schöne, komm!
Vorüber ist die Winterzeit, der Regen ist vorbei."

(Hohes Lied 2,10)

Ernesto Cardenal

ALLAHS BOTE

„Oh König, leih mir dein schnellstes Kamel. Ich muss sofort nach Bagdad reiten."

Mit fliegenden Gewändern war der Gärtner des Königs die Stufen des Palastes in Damaskus hinaufgestürmt.

„Was ist denn passiert, was dich so erschreckt hat?"

„Mein König", antwortete der Gärtner aufgebracht, „soeben ist mir im Garten der begegnet, den sie den Boten Allahs heißen. Er hat die Arme erhoben und mir gedroht. Deshalb muss ich fort. Fern von hier, in Bagdad, werde ich sicher sein."

Der König zögerte nicht und gab dem Gärtner sein bestes Kamel. Dieser ritt auf der Stelle los, so schnell das Tier laufen konnte. Der König aber begab sich in den Garten, wo er tatsächlich den Tod antraf. Er schimpfte mit dem Tod: „Was denkst du dir dabei, meinen treuen Gärtner so zu bedrohen?" Allahs Bote schüttelte mit dem Kopf: „Ich habe deinen Gärtner nicht bedroht. Ich war nur überrascht."

Der König zornig: „Mach mir keine Ausflüchte, du hast ihn zu Tode erschreckt."

„Oh nein", antwortete der Tod, „ich habe nur die Hände über dem Kopf zusammengeschlagen ... Ich war verwundert, deinen Gärtner hier in Damaskus zu sehen. Mein Auftrag ist, ihn heute Abend fern von hier, in Bagdad, zu holen."

Hubert Böke, erzählt nach einem arabischen Märchen

ALLES HAT SEINE ZEIT

Ein jegliches hat seine Zeit,
und alles Vorhaben unter dem Himmel hat seine Stunde:

Geboren werden hat seine Zeit,
sterben hat seine Zeit;
pflanzen und ausreißen, was gepflanzt ist;
töten hat seine Zeit, und heilen hat seine Zeit;
Zelte abbrechen und Zelte bauen;
weinen hat seine Zeit, lachen hat seine Zeit;
klagen hat seine Zeit, und tanzen hat seine Zeit;
Steine wegwerfen und Steine sammeln;
umarmen hat seine Zeit,
aufhören zu umarmen seine Zeit;
suchen und verlieren; behalten und loslassen;
zerreißen und zunähen;
schweigen hat seine Zeit, reden hat seine Zeit;
lieben hat seine Zeit, hassen hat seine Zeit;
Streit hat seine Zeit, und Friede hat seine Zeit.

Ich merkte, dass alles, was Gott tut, ewig besteht.
Man kann nichts dazutun noch wegtun.

Was geschieht, ist schon gewesen,
und was sein wird, ist auch schon längst gewesen.
Gott holt wieder hervor, was vergangen ist.

Prediger des Salomo

NACH INNEN WACHSEN

Das folgende Bild ist gemalt von Herrn B. aus der Voreifel bei Bonn. Es ist das 7. Bild aus einer Reihe von 8 Bildern, die in einem Zeitraum von 2 Monaten und 3 Wochen entstanden sind. Herr B., 42 Jahre alt, selbstständiger Bäckermeister, war mitten aus dem „vollen Leben" in die Klinik eingeliefert worden; mit unklarem Befund bei lang anhaltenden starken Hustenanfällen. Ich lernte Herrn B. über seine Frau kennen, die als Kursteilnehmerin eines Seminars über Tod und Sterben ihre Nöte und Sorgen um ihren an Lungenkrebs erkrankten Mann mitteilte. Frau B. bittet mich, ihren Mann zu besuchen. Bei meinem ersten Besuch erlebe ich Herrn B., der gerade eine Woche im Krankenhaus ist, als einen lebendigen, charmanten Mann. Er freut sich über das „neue Gesicht". Wir sprechen eine ähnliche Sprache, haben einen Draht zueinander. Als Herr B. mir von seiner Erkrankung erzählt, wird deutlich, dass er sich des Ernstes seiner Lage vordergründig nicht bewusst ist. Er ist sehr irritiert über die vielen Untersuchungen und die ihm aufgezwungene Passivität. Es fällt ihm schwer, der seit Jahren einen selbstständigen Betrieb leitet, nur „herumzuliegen". So kommt ihm meine Idee, ob er nicht einfach etwas malen wolle, entgegen. Anfangs staunt er über die Anregung („Ist das nicht mehr etwas für Kinder?" – er selbst hat seit seinen Kindertagen nicht mehr gemalt), dann aber stimmt er bereitwillig zu.

Das nun folgende Bild ist gemalt nach ca. zehnwöchigem Klinikaufenthalt, während dessen Herr B. einen langen Weg gegangen ist: von der Ungewissheit zum klaren Wissen der Diagnose, von innerem Rückzug, Verzweiflung und Zorn über intensive Lebens-Erinnerung bis hin zu einer gefassten inneren Klarheit. Seine Krankheit ist mittlerweile weit fortgeschritten. Er selbst aber hat in kürzester Zeit einen weiten Weg des „inneren Wachsens" beschritten.

Das 7. Bild zeigt eine Art Mandala. Herr B. hat zum Zeitpunkt des Entstehens viele Schmerzen, die man durch starke Medikamente zu dämpfen versucht, und ist sehr erschöpft und schläfrig. Oft liegt er mit halb geschlossenen Augen da. Dann wieder taucht er aus diesem Zustand auf, nimmt die Person(en) in seinem Zimmer wahr. Das Sprechen aber macht ihm nun viel Mühe. Vorgänge außerhalb des Zimmers interessieren ihn nicht mehr, aber ruhigen Besuch hat er noch gerne um sich. Die Schwestern hatten Papier und Kreide auf die Fensterbank geräumt, weil sie Herrn B. für zu schwach hielten, noch weiterzumalen. Eindringlich hat er sie zurückgefordert. Als ich das Bild, 10 Tage vor seinem Tod gemalt, in seinem Beisein betrachte, nimmt er zum ersten Mal meine Hand und hält sie fest. Dann sagt er mühsam den einen Satz:

„Zur Blume im Inneren führen vier Wege,
aber es ist fast egal, welchen man geht,
alle kommen dahin."

In den nächsten Minuten wiederholt er nickend immer wieder einzelne Bruchstücke des Satzes:
„Ja, egal ... alle dahin. – Blume ... – Wege egal ... – Blume ..."

Monika Müller

BEIM AUFGANG DER SONNE

Beim Aufgang der Sonne
und bei ihrem Untergang
erinnern wir uns an sie.

Beim Wehen des Windes
und in der Kälte des Winters
erinnern wir uns an sie.

Beim Öffnen der Knospen
und in der Wärme des Sommers
erinnern wir uns an sie.

Beim Rauschen der Blätter
und in der Schönheit des Herbstes
erinnern wir uns an sie.

Zu Beginn des Jahres
und wenn es zu Ende geht,
erinnern wir uns an sie.

Wenn wir müde sind
und Kraft brauchen,
erinnern wir uns an sie.

Wenn wir verloren sind
und krank in unserem Herzen,
erinnern wir uns an sie.

Wenn wir Freude erleben,
die wir so gern teilen würden,
erinnern wir uns an sie.

Solange wir leben,
werden sie auch leben,
denn sie sind nun ein Teil von uns,
wenn wir uns an sie erinnern.

Jüdisches Gebet

DAS LÄCHELN DES BUDDHA

Ein Stein, in Gold gefasst. Orangerot leuchtend. Der Ring meiner Großmutter. Sie hat ihn mir zum Geschenk gemacht. Als sie spürte, dass ihre Zeit gekommen war, auf die große Reise zu gehen.
„Wenn ich nicht mehr bei dir bin, soll er dich an mich erinnern." Ich aber wollte in diesen Tagen nichts von ihrem nahenden Tod wissen: „Ich brauch dich doch, farmor." Und so war es damals wirklich. Mein Vater fuhr zur See, ich kannte ihn kaum. Meine Mutter war allein mit mir und gab mir immer das Gefühl, das sei meine Schuld. Mein sicherer Hafen war meine Großmutter, fars mor, Vaters Mutter.
Da saß ich an ihrem Krankenbett. Sie spürte meine Angst, verlassen zu werden.
„Komm, meine Kleine." Großmutter nahm mich in die Arme und trocknete meine Tränen. Hätte es nur immer so sein können. Denn klein fühlte ich mich mit meinen 8 Jahren und all ihrer Zuneigung und Liebe bedürftig. – Sie nahm jetzt meine Hand und steckte mir den Ring ganz zärtlich an den Finger: „Hör mir zu, meine Solvej!" Sie hielt mich bei der Hand. „Immer wenn du diesen Ring ansteckst, wirst du spüren: Ich bin bei dir." Sie übergab mir ihren Ring mit einem samtenen, karminroten Stoffsäckchen. Heute noch hüte ich ihr Geschenk als einen kostbaren Schatz.
Lange Jahre habe ich um meine Großmutter geweint. Und wenn es gar zu schlimm wurde, nahm ich das karminrote Säckchen heraus und steckte mir den goldenen Ring an den Finger. Manches Mal zum Trost. Oft genug aber war ich untröstlich und verloren. Denn mein Vater war auf hoher See, meine Mutter blieb mir eine Fremde und Großmutter ist nicht mehr an meiner Seite. Großmutter hat mir wunderschöne Geschichten erzählt. Von fernen Ländern und Menschen, die so anders aussahen und lebten als wir in unserem geordneten

Dänemark. Sie beschrieb mir exotische Düfte so, dass ich ihren Geruch in meiner Nase spürte, dass die fremden Stimmen in meinen Ohren klangen, als könnte ich sie verstehen.

Vieles hat sie selbst erlebt, anderes hat sie mit großen Kinderohren aufgesogen. Denn ihre ersten 11 Lebensjahre hat sie auf Ceylon verbracht – wie Sri Lanka damals noch geheißen hat. Ihr Vater war dort Lehrer an einer britischen Schule. In Kandy, der heiligen Stadt im Herzen der Insel, in der die Menschen einen Zahn ihres Buddha verehren. Es war der große Traum ihres Vaters, einmal in seinem Leben in einem buddhistisch geprägten Land zu leben. Er hat seine Tochter angesteckt mit seiner großen Liebe zur Religion des Buddha und zu den Menschen dieser Insel. Als die Zeit des Abschieds von Ceylon kam, hat er meiner Großmutter den Ring geschenkt, in Gold gefasst mit einem orangerot leuchtenden Stein.

Vielleicht ist das in vielen Familien so, dass Träume und Faszinationen weiterleben. Heute lebe ich mein eigenes Leben, habe meine eigene Familie, meine eigenen Träume und Ziele. Der Stein aus Sri Lanka aber ist noch immer bei mir und ich gestehe – in schwierigen Zeiten greife ich manches mal danach und nehme Zuflucht bei seinem Geheimnis. Bis heute habe ich noch nicht herausfinden können, welcher Art der Stein ist, den ich da mit mir trage. Großmutter hat ihr Geheimnis mit auf die große Reise genommen. Und doch hat mich diese Frage nach Herkunft und Art des Steins nicht losgelassen. Im Laufe der Jahre war ich bei den verschiedensten Goldschmieden und Edelsteinexperten. Keiner hat mir klare Auskunft geben können.

Wäre der Rucksack, den ich auf meinen Schultern trage, leichter – vielleicht hätte ich all das vergessen. Seit vielen Jahren quält mich mein Körper mit Krankheiten. Die kommen und gehen. – Ich habe ein gutes Leben. Einen Mann, der mich liebt und dem auch meine ganze Liebe gehört. Kinder, die ihre eigenen Wege gehen und darüber doch ihre Familie nicht vergessen haben. Noch immer habe ich Aufgaben, die mich erfüllen, und ich schaue auch auf meine beruflichen Erfahrungen – alles in allem – mit Freude zurück. Und doch hat mir mein Körper seit Kinder- und Jugendtagen immer wieder meine Grenzen aufgezeigt. In therapeutischen Gesprächen habe ich begreifen gelernt, was ich seit Kindertagen alles mit mir zu tragen habe. Aber das Wissen darum befreit mich nicht von der Schwere der Steine. Auch der Trost des orangeroten Steins meiner Großmutter macht mir manche Tage nicht leichter.

Irgendetwas ruft mich, lässt mich nicht zur Ruhe kommen. Mein Mann sagt: „Lass uns nach Sri Lanka fliegen."

Ist es das, was mich ruft? An den Ort zu reisen, der im Leben meiner Großmutter und ihres Vaters einen so großen Raum eingenommen hat?

Ich habe mich entschlossen. Wir reisen. Nach Kandy, dorthin, wo meine Großmutter sich immer wieder hingeträumt hat, gerade in den letzten Monaten ihre Lebens. Ich weiß, dass sie daran glaubte, dort wiedergeboren zu werden. Dass sie spürte, dass ihre Seele so sehr mit diesem Land und diesem heiligen Ort verbunden ist. „Nur dort wird meine Seele zu Hause sein." So hat sie es mir einmal anvertraut.

Ich bin in Svendborg aufgewachsen, auf der Insel Fünen. Meine Familie kommt von einer kleinen Insel in der dänischen „Südsee". Sie alle waren „Meer-Menschen". Die Männer, die als Kapitäne zur See fuhren. Die Frauen, die Jahr um Jahr auf ihre Rückkehr warteten und das Leben an Land zu meistern hatten. Ein Leben zwischen den dänischen Inseln und der großen weiten Welt. Vielleicht liegt uns deshalb diese zwiespältige Faszination der Ferne im Blut. Denn zugleich sind wir Dänen gerne zu Hause. Großmutters Erzählungen von der großen Ferne haben mich immer fasziniert. Die Weisheit des Buddhismus hat es mir angetan und auch die Vorstellung von den Wiedergeburten lockt mich. Zugleich aber entstamme ich einer bewusst protestantisch-lutherischen Familie und das gibt mir eine gehörige Skepsis. Die Vorstellung, immer und immer wieder geboren zu werden – bis zu einer fernen Erlösung im Nirwana, hat für mich auch etwas sehr Bedrängendes. Ich denke, wenn ich auf mein Eigenes schaue, – so schön es auch zuzeiten ist, – mein Leben zu leben, das ist Aufgabe genug. Und dennoch: Da ist auch eine Ahnung in mir und meiner nordischen Seele, dass die Dinge ganz anders sein mögen, als sie uns erscheinen.

Schon als wir auf dem Flughafen von Colombo ankamen und mehr und mehr auf unserer Fahrt ins Landesinnere wird das Gefühl in mir stärker: die Gerüche, die Farben – alles scheint mir so vertraut. Als hätte ich schon einmal hier gelebt. „Du schaust durch die Augen deiner Großmutter", sagt Anders, mein Mann. Ja, das alles hatte sie mir in leuchtenden Farben beschrieben. Doch so fremd Anders diese Welt ist, so nah sind mir die Gesichter, die ich sehe; die Frauen in ihren bunten Saris und ihrem aufrechten, stolzen Gang. Die Dörfer und Landschaften, die wir durchqueren. Das Vertrauteste ist mir dieser ganz eigene Geruch nach Holzfeuern, nach dampfendem Grün, wenn der Morgen anbricht, und dem trockenen Staub der Mittagshitze. Wir fahren vorbei an Schreinen und Tempeln, an Mönchen in ihren orangeleuchtenden Roben mit aufgespannten Sonnenschirmen.

Kandy. Die alte Königsstadt im Herzen der Insel, voller pulsierendem Leben. Schlangenbeschwörer, Bettler, Mönche, orientalische Basare und Kinder und noch viel mehr Kinder; Tausende Menschen, die aus allen Straßen und Häusern hervorquellen. Am Zahntempel, dem großen Heiligtum der Stadt, drängen sich noch mehr Menschen, ziehen in einer nicht enden wollenden Prozession an der Reliquie vorbei; von Mönchen weitergedrängt, damit alle einen Blick auf das Heiligste werfen können. 1001 flüchtige Bilder.

Wir sind angekommen, wir versuchen anzukommen. Hier, an

diesem pulsierenden Ort hat meine Großmutter ihre Kindheit verbracht. In einem dieser Häuser im britischen Kolonialstil erbaut. Sicher weiter draußen, in der gepflegten, abgetrennten Welt, wie sie Kolonialherren sich überall erschaffen. Das wirkliche Leben, es wird auch damals schon im Herzen der Stadt pulsiert haben – vielleicht damals schon so unbeeindruckt von den wenigen Beamten und Soldaten der britischen Krone wie heute von den vereinzelten Touristen, die in den Menschenwogen der Singalesen und Tamilen untertauchen.
Wie gut wäre es jetzt, das kleine Mädchen an unserer Seite zu haben, das meine Großmutter einmal war. Ohne großes Nachdenken greife ich nach dem vertrauten Ring in meiner Handtasche, stecke ihn mit seltsam kindlicher Erwartung an meinen Finger und warte der Dinge, die da kommen sollen.
Noch immer schwimmen wir in diesem wogenden Menschenmeer, seinen exotischen Düften und lauten Stimmen. Anders, so tapfer er sich gibt, wird alles zu viel. Ich spüre es ihm an. Wir ziehen uns zurück in die luxuriöse Stille unseres Hotels mit dem leicht maroden Charme seines kolonialen Flairs.
Vieles haben wir in diesen Tagen erlebt. Die klassischen Touristenorte haben wir besucht: die uralten Tempelstädte Anuradhnapura und Polunaruwa, die Felsentempel von Dharamsala, die Teeplantagen in den Bergen und Nuwarelia Eliya, in der Kolonialzeit komfortabler Zufluchtsort für die hitzegeplagten Briten. Großmutter hat erzählt, dass auch sie hier die heißeste Sommerzeit verbracht haben. Es gab so viel Faszinierendes zu erleben. Immer wieder trafen wir in den Dörfern abseits der Touristenrouten auf Menschen mit großer Freundlichkeit. Wir waren Gäste in Familien, denen wir zufällig begegneten. Der Geschmack von süßem Tee und Gebäck wird mir wohl ein Leben lang in Erinnerung bleiben. Wie unsere Gesprächsversuche mit Händen und Füßen, die meist in großem Gelächter endeten. Tief in mein Gedächt-

nis aber haben sich mir auch die erschreckenden Erlebnisse eingebrannt. Unendlich viele Bettler, bettelnde Kinder, Menschen ohne Beine auf rollenden Brettern, Mütter, die uns ihre sterbenden Babies entgegenhielten. Der fast allgegenwärtige Geruch der Totenverbrennungen und der lodernde Scheiterhaufen, vor dem wir bei einem Spaziergang durch ein Dorf ohne „Vorwarnung" standen. Faszination und Angst, tiefes Berührtsein und Fremdheit, das alles vermischt sich in meiner Erinnerung. Mehr und mehr spürte ich, dass ich mit dem Blick einer Fremden schaute. Es waren nach all den eigenen Eindrücken nicht mehr die Augen der Großmutter. Es waren die Augen einer Reisenden, die fasziniert und beunruhigt zugleich war und die wusste, dass sie in einer anderen Welt zu Hause ist.

Zwei Begegnungen haben sich mir dennoch tief eingeprägt: In Anuradhnapura standen wir vor einer riesigen Statue: ein liegender Buddha, auf seinem Antlitz ein Lächeln. Ein Stein gewordenes Urbild von Stille und Frieden. Danach suche ich noch immer, nach Augenblicken solcher Stille und solchen Friedens. In einem kleinen Tempel nicht weit von den schönen Stränden südlich von Colombo stand ein junger Mönch vor mir. Mit holprigem Englisch versuchten wir ein Gespräch. Wenn wir nicht mehr weiterkamen, lachten wir wieder. Als ich jedoch meine Ringhand hob und fragend auf einer der vielen in meinen Augen hinduistischen Götter in buddhistischen Tempeln zeigte, sah ich, wie der junge Mönch mit einem Mal ganz fasziniert meinen orangeroten Ring anstarrte. Nach einem Augenblick zögerlichen Schweigens nahm er ganz behutsam meine Hand und legte seine Stirn auf den Stein. Ich begriff nicht, was geschah. Aber ich habe so etwas wie Ehrfurcht in seinen Augen gesehen, die ich mir bis heute nicht erklären kann. Unter tiefen Verbeugungen zog er sich in das Tempelinnere zurück und sprach, sich immer wiederholend, ein Mantra wie zum Segen. Was habe ich in seinen

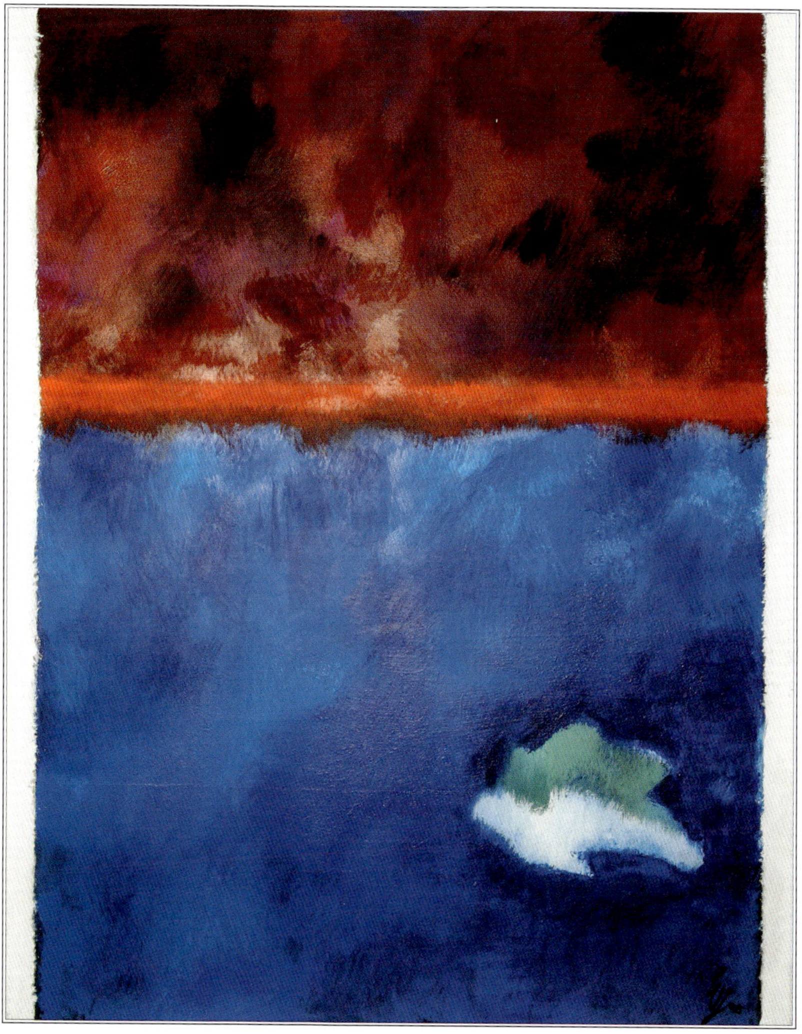

Augen wirklich gesehen? Ich meine immer noch, es war ein überraschtes Staunen und großer Respekt. War es der Ring, dem er mit solcher Achtung begegnete? Hatte sein Verhalten mit mir selbst zu tun? Verwirrt, wie ich war, wollte ich ihm nachgehen, wollte ihn fragen. Aber ich fand ihn nicht mehr. Er war für mich nicht mehr erreichbar. Er ließ mich meine Wege gehen.

Als wir nach Dänemark zurückflogen, war ich voller Eindrücke und Bilder. Ich bin dankbar für unsere Zeit auf Sri Lanka. Ich war in das Land gereist, das meiner Großmutter so kostbar war. Ich war dorthin gegangen, von woher der Ring in mein Leben gekommen war. Doch die Steine in meinem eigenen Rucksack waren nach dieser Pilgerreise noch immer dieselben. Ich war noch immer dieselbe, – nur um ein neues Rätsel und ein Sehnsuchtsbild von Frieden reicher.

Das Jahr, das kommen sollte, war für mich gesundheitlich ein schweres Jahr. Eine große Operation hatte ich zu überstehen. Beruflich kam ich an meine Grenzen. Sri Lanka war meinen Erfahrungen so fern wie das Lächeln des Buddha meinem Alltag. Als ich mich zu erholen begann, hatte ich das große Bedürfnis, einfach irgendwohin in den Süden zu fliegen, mich von Sonne, Wind und Wellen verwöhnen zu lassen, Abstand zu finden und, so hoffte ich, neue Kraft zu tanken, die ich so sehr brauchte.

Unsere Wahl fiel auf die kanarischen Inseln, die auch im Frühjahr schon Sonne und Wärme versprachen. Wir buchten zwei Wochen Lanzarote.

Erst im Flugzeug ging mir auf, dass ich – zum ersten Mal auf Reisen – Großmutters Ring vergessen hatte.

Wir hatten eine wunderbare Zeit auf Lanzarote, – einfach Zeit, zum Erholen. Stundenlang sind wir am Meer entlanggelaufen, haben uns in einsame Klippen gelegt, Wind und Sonne genossen und uns dann abends in unserem Hotel verwöhnen lassen. Es war alles so wenig anstrengend, dass ich in diesen Tagen meinen Rucksack kaum gespürt habe. Und ich hatte ein großes „Erfolgserlebnis". Wir fuhren mit dem Leihwagen in die atemberaubenden Montañas del Fuego, die vulkanische Mondlandschaft im Süden der Insel. Im Herzen des Nationalparks von Timanfaya stiegen wir dann um in den Bus, der mitten durch die Feuerberge hindurchfährt. Auf einer gut befestigten, aber doch – für meine Ängste – mehr als waghalsigen Asphaltroute. Haarscharf führt sie an tiefen Abstürzen und Kratersteilhängen entlang, dass mir Hören und Sehen verging. Ich, mit all meinen Ängsten, habe diese Tour trotz allem genossen; obwohl wir auf den ersten Sitzen saßen und die atemberaubensten Ausblicke hatten. Ich Angsthase habe mich der Herausforderung gestellt. Das war für mich wichtig! Vielleicht hatte ich auch deshalb immer wieder ein seltsames Gefühl von Vertrautheit – als würde ich diese Landschaft schon von Anbeginn an kennen. Dann wurde mir klar: Ich hatte vor Jahren ein Seminar belegt. Thema war die Auseinandersetzung mit der eigenen Endlichkeit. Eine Aufgabe war es, in einer Phantasiereise ein Bild aufsteigen zu lassen und es auf Papier zu bringen, – ein Bild der eigenen Todeslandschaft. Gerade diese Landschaft habe ich damals gemalt. Diese zerklüfteten Krater, diese Ockerfarben, das faszinierende Gemisch von braun, rot, schwarz, gelb. Ich hatte nicht gewusst, dass es meine Todeslandschaft in der Wirklichkeit gibt. Hier nahm äußere Gestalt an, was ich in mir drinnen gefunden hatte. Ich drückte ganz fest Anders Hand. Er dachte, es sei die Angst. Die war es auch. Was mich atemlos machte, aber war diese andere Entdeckung: Die Montañas del Fuego, sie waren meine Todeslandschaft.

Seltsamerweise hat mich das nicht traurig gemacht. Auch Angst habe ich nicht empfunden. Ich habe nur mit großen Augen diese Landschaft in mich hineingesogen und darüber eine zweite Entdeckung gemacht: Überall in diesem „mal pais", in diesem toten Land erobern sich Flechten und knor-

riges Wolfskraut Lebensraum. Hier kannst du zusehen, wie das Leben seinen uralten Siegeszug beginnt.
Hier geschieht es und auch in mir geschieht es.
Nach der abenteuerlichen Busfahrt standen wir draußen vor dem in die Lavalandschaft hineingeschmiegten Aussichtsrestaurant und schauten den üblichen Vorführungen zu. In Erdröhren geschüttetes Wasser steigt als Dampffontäne auf. In einer Grube verbrennt trockenes Dornengestrüpp lichterloh. Nur wenige Zentimeter unter der Erdkruste herrschen schon Temperaturen von 60 Grad. In der Tiefe von einem Meter sind es bereits 400 Grad. Unfassbar, wie nahe wir hier dem Feuer im Erdinneren sind. Und doch sind auch die Feuerberge Orte des Lebens. Es ist nur eine dünne Erdhaut, die uns vor den heißen Feuern im Erdinneren bewahrt. Und doch stehen wir hier. So ist es auch in unserem Leben. Es ist nur eine dünne Wand, die uns trennt vom Tod – und doch leben wir.
In der Feuergrube ist mit allem Dorngestrüpp eine große Angst mitverbrannt. Es hat damit zu tun, dass ich mich der Herausforderung dieser Fahrt gestellt habe. Vielleicht aber habe ich erst hier verstanden, wie stark das Leben ist.
Als wir zurückfuhren nach Playa Blanca, war in mir ein großes Aufatmen. Ich weiß nicht, wieviele Steine mir im Rucksack geblieben sind. Aber ich spüre, er ist leichter geworden. Für mich ist es immer schwer gewesen, Ruhe zu finden. Wenn ich jetzt in den Lavaklippen am Leuchtturm von Pechiguerra liege, die Sonne genieße, den Wind und die Musik der anbrandenden Wellen, kehrt eine Ruhe, eine Stille in mir ein, wie ich sie lange Jahre nicht gekannt habe.
Das Lächeln des Buddha hat mich gestreift. Wird es anhalten in meinem Alltag? Ich weiß, so wird es nicht bleiben. Aber ich habe es erlebt!
Gestern haben wir in der alten Inselhauptstadt Teguise einen wunderschönen Schmuck entdeckt. Einen tiefschwarzen, porösen Lavastein, in Silber gefasst. Ich werde ihn an einer sil-

bernen Kette tragen. Dieser Stein wird mir Sinnbild meines Geheimnisses sein. Ich nehme ihn von dieser Insel mit nach Hause.

Der Ring meiner Großmutter wird mich immer begleiten. So wie mich die Erinnerung an den Menschen begleiten wird, der mir zum Halt meiner Kindheit und Jugend geworden ist. Ohne Großmutter hätte ich meinen Weg nicht gehen können. Sie wird gewusst haben, warum sie das Geheimnis ihres Steins vor mir verborgen gehalten hat. Sie wird gewusst haben, dass auch ich mein Geheimnis, meinen Leitstern finden muss. Das, was mich und meine Erfahrungen ausmacht. Vielleicht hat ja der junge Mönch auf Sri Lanka das in mir geehrt, dass ich eine Suchende bin, dass ich meinen Weg zu gehen versuche.

Wenn meine Zeit kommen wird, auf die große Reise zu gehen, werde ich meiner Enkeltochter zwei besondere Erbstücke anvertrauen: den in Gold gefassten, orangerot leuchtenden Stein aus Sri Lanka; den schwarzen Lavastein, in Silber gefasst, von Lanzarote. Beide Steine bergen ihr Geheimnis. Der eine das meiner Großmutter, der andere das Meine. Wenn ihre Zeit kommt, da bin ich gewiss, wird meine Enkeltochter ihren Stein, ihre Farben, ihr Geheimnis finden.

Und sie wird spüren – wir alle sind mit ihr.

Lene Knudsen

Verstehen kann man das Leben nur rückwärts, leben kann man es nur vorwärts.

Sören Kierkegaard

VERGISS DIE TRÄUME NICHT,

wenn die Nacht
wieder über dich hereinbricht
und die Dunkelheit
dich wieder gefangenzunehmen droht.
Noch ist nicht alles verloren.
Deine Träume und deine Sehnsüchte
tragen Bilder der Hoffnung in sich.
Deine Seele weiß,
dass in der Tiefe Heilung schlummert
und bald in dir
ein neuer Tag erwacht.

Ich wünsche dir,
dass du die Zeiten der Einsamkeit
nicht als versäumtes Leben erfährst,
sondern dass du beim Hineinhorchen
in dich selbst
noch Unerschlossenes in dir entdeckst.

Ich wünsche dir,
dass dich all das Unerfüllte
in deinem Leben nicht erdrückt,
sondern dass du dankbar sein kannst
für das, was dir an Schönem gelingt.

Ich wünsche dir,
dass all deine Traurigkeiten
nicht vergeblich sind,
sondern dass du aus der Berührung
mit deinen Tiefen
auch Freude wieder neu erleben kannst.

Irischer Segenswunsch

BESUCH DER AHNEN

Lone zeigt mir die einfache Skizze.

Auf einen Haushaltszettel mit dem Aufdruck: „Nicht vergessen!" hatte ihr Großvater mit ein paar Strichen ein Haus gemalt – rauchender Schornstein, Gardinen in den Fenstern und eine Tür. Mit der Tür hatte es eine besondere Bewandtnis. Ihr Großvater hatte sie kunstgerecht aufgeschnitten, so dass sie auf- und zuklappbar ist.
Es ist nun vierzig Jahre her, dass der Großvater seiner Enkeltochter dieses Bild schenkte. Lone war damals neun Jahre alt. Der Großvater war seit einem Jahr bettlägerig. Er litt an einer seltenen Form von Anämie und verbrachte seine Tage auf seinem Sofa in der Wohnstube. Lone hat ihren Großvater oft besucht. Sie haben miteinander gespielt und erzählt, und oft hat der Großvater einfach zugehört. Manchmal hat er ihr auch ein kleines Bild wie dieses gemalt.
Lone hatte es für eine Neunjährige nicht leicht. Der Vater hatte die Familie verlassen, die Mutter musste für den Unterhalt arbeiten gehen. Die Großeltern waren der sichere Hafen. Der Großvater hat gespürt, dass der Tod an seine Türen klopft, und hat seiner Lone ein letztes Bild gemalt. Das Bild mit dem Haus und der offenen Tür. Er wusste, was er dem kleinen

Mädchen bedeutete, und es muss ihm unsagbar schwer geworden sein, seine einzige Enkeltochter zurückzulassen.

Lone kann sich heute nicht mehr erinnern, was ihr das Bild damals bedeutete. Sie wollte nichts von einem Abschiedsgeschenk des Großvaters wissen.

Ihre Tante, die Schwester der Mutter, hat dann das Bild an sich genommen und beschrieben: „Großvaters letztes Bild an Lone". Irgendwann ist das kleine Bild zwischen die Seiten eines alten Buches geraten. 40 Jahre später findet Lone beim Durchstöbern alter Familienpapiere das Bild. „Eigentlich hat es mich gefunden."

Und Lone versteht, was der Großvater damals seiner Enkeltochter sagen wollte: „Hab keine Angst. Die Tür zu meinem Haus wird immer offenstehen für Dich."

Lone findet dieses alte Versprechen in einer schweren Lebenskrise. Es scheint, als habe das Bild sich 40 Jahre Zeit gelassen, zu ihr zu finden – gerade zur rechten Zeit.

Für Lone ist dieses Bild mit der offenen Tür ein unendlich kostbares Geschenk, ein Trost, der ihr sagt: In all dem Schweren deiner Kindheit hat es einen Menschen gegeben, der dich wirklich geliebt hat.

Und diese Liebe zwischen dem kleinen Mädchen und dem Großvater ist nicht vergangen. Sie klopft leise und still an die Türen des Heute.

Was mag damals in dem alten Mann vorgegangen sein? Er wusste, dass seine Lone keinen leichten Weg vor sich haben würde. War es die Sorge um seine Enkeltochter, die ihn die-

ses Versprechen hat geben lassen – wie einen Scheck, von dem man nicht weiß, ob er gedeckt ist?
Oder hatte er in der Nähe des Todes eine Ahnung, dass im Sterben nicht alle Brücken zwischen Menschen abbrechen?
War da ein Wissen in ihm, dass es Türen gibt, die selbst der Tod nicht zuzuschlagen vermag?
Lone erzählte mir, dass sie in den zurückliegenden Jahren zweimal das klare Gespür hatte, von ihrer Großmutter besucht worden zu sein.
Lone neigt nicht zu spiritistischen Erfahrungen. War es Einbildung? Erinnerung und Sehnsucht? Wer kann das sagen?
Ihre Besuche aus der „anderen Welt" hat sie nicht herbeigerufen, geradesowenig wie das letzte Bild ihres Großvaters. Und doch kamen sie wie gerufen.
Vor Tagen las ich in einer Sterbeanzeige, was Heinrich Böll kurz vor seinem Tod an seinen Enkel Samay schreibt:

Für Samay
Wir kommen weit her/liebes Kind/und müssen weit gehen/ keine Angst/alle sind bei Dir/die vor Dir waren/Deine Mutter, Dein Vater/und alle, die vor ihnen waren/weit weit zurück/ alle sind bei Dir/Keine Angst/wir kommen weit her/und müssen weit gehen/liebes Kind.

Lene Knudsen

STUFEN

Wie jede Blüte welkt und jede Jugend
Dem Alter weicht, blüht jede Lebensstufe,
Blüht jede Weisheit auch und jede Tugend
Zu ihrer Zeit und darf nicht ewig dauern.
Es muss das Herz bei jedem Lebensrufe
Bereit zum Abschied sein und Neubeginne,
Um sich in Tapferkeit und ohne Trauern
In andre, neue Bindungen zu geben.
Und jedem Anfang wohnt ein Zauber inne,
Der uns beschützt und der uns hilft zu leben.

Wir sollen heiter Raum um Raum durchschreiten,
An keinem wie an einer Heimat hängen,
Der Weltgeist will nicht fesseln uns und engen,
Er will uns Stuf' um Stufe heben, weiten.

Kaum sind wir heimisch einem Lebenskreise
Und traulich eingewohnt, so droht Erschlaffen,
Nur wer bereit zu Aufbruch ist und Reise,
mag lähmender Gewöhnung sich entraffen,
Es wird vielleicht auch noch die Todesstunde
uns neuen Räumen jung entgegensenden,
Des Lebens Ruf an uns wird niemals enden ...
Wohlan denn, Herz, nimm Abschied und gesunde!

Hermann Hesse

JULES STERN

Hoch droben im Norden der Welt lebte einst das Volk der Mitternachtssonne. Die Sommer waren kurz. Es gab kein Volk, das die Zeiten der Sommersonne so auszukosten wusste. Sie feierten bis mitten in die hellen Nächte hinein, tanzten, sprangen und umarmten sich.

Mit den Menschen feierten die Wälder und Felder. Bunte Schmetterlinge tanzten über Wiesen und Moore. Trolle sprangen nach den Wölfen. Durch die Mitternachtssonne wehte wie Blätterrauschen der Harfenklang fröhlicher Elfenfeste.
Als die Sonne des lustigen Treibens müde wurde, versank sie hinter den Bergen in tiefem Schlaf. Die Birkenwälder glüh-

ten in den goldenen Farben des Herbstes. Es wurde still im Lande der Mitternachtssonne.

Mit den ersten Boten des Winters kehrte in die Hütten die Furcht vor der langen Nacht ein. Schon sagten die ersten: „Die ewige Dunkelheit zieht herauf; wird uns die Sonne des Lebens jemals wieder scheinen?" Die Menschen drangen auf die Priester ein, die Götter zu besänftigen. Sie fürchteten den „Kalten Tod". Doch so hoch die Opferfeuer auch loderten, in ihren Herzen blieb die Furcht.

Jule hatte noch nicht viel von der Welt gesehen. Er wusste wenig von den Göttern. Anders als seine Spielgefährten liebte er die dunklen Nächte, wenn der Himmel aufklarte und die Sterne über den Wäldern wie tausend Feuer strahlten. Jule sei ein seltsames Kind, sagten die Eltern und die Geschwister. Doch ließen sie ihm seine Laune. In warme Felle gehüllt, stapfte er auf seinen Schneeschuhen durch den stillen Winterwald. Über ihm sangen die Sterne ihre schweigende Symphonie, und Jule sah im Schnee die Spuren von Feen und Kobolden. Jule hatte Freundschaft geschlossen mit einem Stern. Das war sein Geheimnis. Hoch über dem Winterwald saß er auf einem Felsen und rief den Stern wie einen Freund. Und der Stern sandte ihm aus unendlicher Ferne seine Gedanken wie in einem unaufhörlichen Glänzen. Kann man Freundschaft schließen mit einem Stern, werdet ihr fragen. Wer vermag das zu sagen? Es war Jules Geheimnis. Doch hat es wohl zu allen Zeiten Menschen gegeben, die den Gesang der Sterne hörten (und die Sprache der Pflanzen und Tiere verstanden). So ging es wohl auch Jule. Er hörte die Sterne singen, er verstand ihre Worte. Beim Lauschen auf die wundersamen Geschichten wurde die Welt größer und schöner, als er je geahnt hatte. Sein Stern erzählte von seinen Reisen über endlose Meere und Wüsten, himmelhohe Gebirge und weite Grasländer; auch von schwarzen, roten und gelben Kindern. „Du erzählst Märchen", beschwerte sich Jule zuweilen. Doch im

Lichte des Sterns lernte er mit der Zeit, die Geschichten wie in einem Spiegel zu lesen. Wie wunderbar war doch diese Welt, voller Überraschungen und voller bunter Farben.

Eines Abends mahnten ihn die Eltern, das Haus nicht zu verlassen. Es sei Mittwinternacht, die dunkelste Nacht des Jahres. In dieser Nacht würde sich der Lauf des Jahres entscheiden: Wird die Sonne noch einmal die eisigen Stürme des Winters vertreiben, wird das Licht den Sieg über die Dunkelheit davontragen?

Jule hat keine Angst vor der Dunkelheit. Ein Stern erwartet ihn. Seine Nacht wird hell sein. In der Mitte des Waldes angelangt, schaut er zum Himmel hinauf. Oben, am Himmel, wartet schon sein Stern.

„Hier bin ich!", ruft Jule.

Doch sein Freund, versunken in seine wunderbare Welt, antwortet nicht. Jule wird ungeduldig.

„Was siehst du, Stern?"

Durch Jahrmilliarden ging seine Reise. Doch nie hatte er ein solches Licht gesehen.

Ein Glänzen, ein Strahlen breitet sich über Jules Gesicht. Er muss die Augen schließen, so hell wird es und wärmt ihn bis ins Herz.

„Was ist das, Stern? ... Ist es die wiedergeborene Sonne, die den Winter vertreibt?"

Der Stern schweigt. Er schaut ein Licht, heller als tausend Sonnen. Die Geschöpfe des Waldes haben sich eingefunden, Rentiere, Elche, Wölfe, Luchse, Trolle, Elfen. Für einen Atemzug hat die Ewigkeit den dunklen Winterwald in ihr strahlendes Licht getaucht. Für einen Augenblick ist die Furcht aus der Welt gewichen.

Jule durfte noch viele Mittwinternächte erleben. Als Kind, als Jugendlicher, als Erwachsener. Oft ist ihm die Furcht der Geschöpfe des Nordlandes vor der Dunkelheit des Lebens begegnet. Auch er hat in seinem Leben manch dunkle Stunde erlebt. Die Freundschaft mit seinem Stern hat ihm geholfen, durch die Jahre zu gehen. So fand er zu sich selbst, und in ihm wuchs die Kraft, den Weg zu gehen, der ihm richtig für sein Leben schien.

Aus dem Jungen wurde ein um seiner Weisheit willen hochgeschätzter Mann seines Volkes. Man nannte ihn „Der-seinem-Stern-folgt". Die Menschen spürten, dass er – anders als sie – die Dunkelheit nicht fürchtet. Der Glanz jener Nacht, die Gewissheit, dass das Dunkel das Licht nie mehr besiegen wird, machte seinen Weg sicher. Oft erinnerten sich Jule und sein Stern an die Geburt des Lichtes in jener Mittwinternacht. In den Stunden, in denen Jule das eigene Dunkel des Lebens durchwandern musste, tröstete ihn tief im Herzen das Licht der Erinnerung und gab ihm neuen Mut.

Am Ende seiner Tage, als alter Mann, lässt Jule den verbrauchten Körper auf dem Lager zurück. Er wandert noch einmal durch das kalte Winterland zum felsigen Ort über den Wäldern. Er schaut hinauf zum Himmel und begrüßt seinen Stern.

„Hier bin ich, Stern!"

Aufgeregt ist er wie der kleine Junge, der er einmal war.

„Sieh doch, Stern, sieh doch das Licht!"

„Ja, Jule, alter Freund. Ich sehe das Licht ...
Ich höre eine Stimme. Sie ruft deinen Namen."

Hubert Böke

VON GUTEN MÄCHTEN

Von guten Mächten treu und still umgeben,
behütet und getröstet wunderbar, –
so will ich diese Tage mit euch leben
und mit euch gehen in ein neues Jahr.

Noch will das alte unsre Herzen quälen,
noch drückt uns böser Tage schwere Last.
Ach Herr, gib unsern aufgeschreckten Seelen
das Heil, für das Du uns geschaffen hast.

Und reichst Du uns den schweren Kelch, den bittern,
des Leids, gefüllt bis an den höchsten Rand,
so nehmen wir ihn dankbar ohne Zittern
aus Deiner guten und geliebten Hand.

Doch willst Du uns noch einmal Freude schenken
an dieser Welt und ihrer Sonne Glanz,
dann woll'n wir des Vergangenen gedenken,
und dann gehört Dir unser Leben ganz.

Lass warm und still die Kerzen heute flammen,
die Du in unsre Dunkelheit gebracht,
führ, wenn es sein kann, wieder uns zusammen!
Wir wissen es, Dein Licht scheint in der Nacht.

Wenn sich die Stille nun tief um uns breitet,
so lass uns hören jenen vollen Klang
der Welt, die unsichtbar sich um uns weitet,
all Deiner Kinder hohen Lobgesang.

Von guten Mächten wunderbar geborgen,
erwarten wir getrost, was kommen mag.
Gott ist bei uns am Abend und am Morgen,
und ganz gewiss an jedem neuen Tag.

Dietrich Bonhoeffer

ZIEHENDE LANDSCHAFT

Man muß weggehen können
und doch sein wie ein Baum:
als bliebe die Wurzel im Boden,
als zöge die Landschaft und wir ständen fest.

Man muß den Atem anhalten,
bis der Wind nachläßt
und die fremde Luft um uns zu kreisen beginnt,
bis das Spiel von Licht und Schatten,
von Grün und Blau
die alten Muster zeigt
und wir zu Hause sind,
wo es auch sei,
und niedersitzen können und uns anlehnen,
als sei es an das Grab
unserer Mutter.

Hilde Domin

WENN ICH NOCH EINMAL ZU LEBEN HÄTTE

Wenn ich noch einmal zu leben hätte,
dann würde ich mehr Fehler machen;
ich würde versuchen,
nicht so schrecklich perfekt sein zu wollen;
dann würde ich mich mehr entspannen
und vieles nicht mehr so ernst nehmen;
dann wäre ich ausgelassener und verrückter;
ich würde mir nicht mehr
so viele Sorgen machen um mein Ansehen;
dann würde ich mehr reisen,
mehr Berge besteigen,
mehr Flüsse durchschwimmen
und mehr Sonnenuntergänge beobachten;
dann würde ich mehr Eiscreme essen,
dann hätte ich mehr wirkliche Schwierigkeiten
als nur eingebildete;
dann würde ich früher im Frühjahr
und später im Herbst barfuß gehen,
dann würde ich mehr Blumen riechen,
mehr Kinder umarmen
und mehr Menschen sagen,
dass ich sie liebe.
Wenn ich noch einmal zu leben hätte,
aber ich habe es nicht ...

Ein 85-Jähriger, den nahen Tod vor Augen

2. TEIL

DIE PRAKTISCHEN DINGE

PERSÖNLICHE DATEN UND BESTIMMUNGEN

Mein Name:

___

Mein Geburtsort:

___

Meine jetzige Adresse:

___

___

Meine Krankenversicherung (Adresse):

___

___

Meine Renten- / Pensionsversicherung:

___

___

Mein Hausarzt, meine Hausärztin (Adresse):

___

___

Mein Rechtsanwalt / Notar (Adresse):

___

___

Mein Steuerberater (Adresse):

_____

_____

Meine Bank (Adresse), Konto-Nr.:

_____

evtl.: Wertpapierdepot bei folgender Bank:

_____

Meine Versicherungen:

_____

_____

_____

Lebensversicherung bei folgender
Versicherungsgesellschaft:

_____

_____

bezugsberechtigt ist:

_____

_____

Sterbegeldversicherung bei:

_____

Unfallversicherung bei:

_____

Sonstige Versicherungen:

_____

_____

Ich habe ein Testament geschrieben: ja ☐ nein ☐

ein notarielles Testament: ja ☐ nein ☐

ein handschriftliches Testament: ja ☐ nein ☐

Das Testament ist hinterlegt bei:

_____

_____

_____

Ich habe eine Patientenverfügung / Vorsorgevollmacht:

ja ☐ nein ☐

hinterlegt bei:

_____

_____

Ich habe einen Bestattungsvorsorgevertrag abgeschlossen bzw. eine Willenserklärung hinterlegt bei folgendem Bestattungshaus:

_____

_____

Ich habe für die Bestattungskosten einen Betrag
bei der folgenden Treuhandstelle eingezahlt:

_____

_____

Ich habe für die Bestattungskosten bei der folgenden Bank
ein Sparbuch (Nr.) angelegt:

_____

_____

Ich habe für die Grabpflege einen Treuhandvertrag
abgeschlossen bei der folgenden Treuhandstelle:

_____

_____

Meine persönlichen Papiere sind zu finden:

_____

_____

Bereitlegen sollten Sie folgende Papiere:
Personalausweis oder Pass
Geburtsurkunde bei Ledigen
Stammbuch bei Verheirateten
Sterbeurkunde des Ehepartners bei Verwitweten,
Scheidungsurteil bei Geschiedenen
Versicherungspolicen
Bestattungs- bzw. Grabpflegevorsorgeverträge
Rentenanpassungsmitteilungen

MEINE WÜNSCHE ZUR BESTATTUNG

Ich will erdbestattet werden.   ja ☐ nein ☐

Ich will feuerbestattet werden.   ja ☐ nein ☐

Ich will seebestattet werden.   ja ☐ nein ☐

Ich will anonym bestattet werden. ja ☐ nein ☐

Ich will in der folgenden Weise bestattet werden:
z.B. Friedwald, Wiesengrab, Ruhegarten, Kolumbarium

_____

_____

_____

Ich bin Mitglied der folgenden Kirche / Religionsgemeinschaft:

_____

Ich möchte von einer Geistlichen, einem Geistlichen meiner Kirche / Religionsgemeinschaft bestattet werden.
                                  ja ☐ nein ☐

Ich möchte von einem freien Bestattungsredner
bestattet werden.   ja ☐ nein ☐

Ich habe den Wunsch, dass mich folgende Pfarrerin bzw. Pfarrer/Geistliche(r)/freie(r) Bestattungsredner (in) bestattet:

_____

Die Bestattung soll im engen Angehörigen- und Freundeskreis stattfinden. ja ☐ nein ☐

Ich möchte, dass alle, die an meiner Bestattung teilnehmen wollen, die Gelegenheit dazu haben. ja ☐ nein ☐

Es wäre mir wichtig, die nachfolgenden Menschen von meinem Tod zu benachrichtigen:

_____

_____

_____

_____

Sterbeanzeigen sollen in folgenden Zeitungen erscheinen:

_____

_____

_____

Die Anzeigen sollen vor der Bestattung erscheinen.
ja ☐ nein ☐

Die Anzeigen sollen nach der Bestattung erscheinen.
ja ☐ nein ☐

Meine Wünsche für den Text der Sterbeanzeige:

_____

_____

_____

_____

Musik und Lieder, die ich mir für mein Begräbnis wünsche:

_____

_____

_____

Die Friedhofskapelle/Kirche soll blumengeschmückt sein.

ja ☐ nein ☐

Blumen, die ich liebe:

_____

_____

_____

Anstelle von Blumenschmuck wünsche ich mir eine Spende für:

_____

_____

_____

Texte aus der Bibel, die gelesen werden sollen:

_____

_____

_____

_____

Andere Texte, die gelesen werden sollen:

_____

_____

_____

_____

Weitere Wünsche zur Bestattung
(z.B., wer den Sarg tragen sollte, wer etwas sagen sollte):

_____

_____

_____

Meine Wünsche für das Zusammenkommen
nach der Bestattung:

_____

_____

_____

Meine Wünsche zum Grab:

_____

_____

Ich möchte begraben werden auf dem Friedhof in:

_____

im Familiengrab: ja ☐   nein ☐

in einem Einzelgrab: ja ☐   nein ☐

Die Urkunde über den Besitz des Grabes liegt:

_____

_____

Ich möchte an folgendem Ort bestattet werden:

_____

Ein besonderer Wunsch:

_____

_____

Meine Wünsche zur Bepflanzung:

_____

_____

Meine Wünsche zum Grabstein/Grabmal:

_____

_____

Was auf meinem Grabstein/Grabmal stehen soll:

_____

_____

_____

HINWEISE ZUR BESTATTUNGSVORSORGE

Im Folgenden wird darauf eingegangen, welche Möglichkeiten für Sie selbst bestehen, darauf Einfluss zu nehmen, was mit Ihrem toten Körper geschehen soll und wie gegebenenfalls eine Trauerfeier, die Bestattung und das Grab gestaltet werden sollen, eben in welcher Form es Ihren Angehörigen und/oder Freunden – den Menschen Ihres sozialen Umfeldes – gestattet sein soll, den Abschied von Ihnen nach Ihrem Tod nach Ihren Vorgaben und Wünschen mitzugestalten und mitzuerleben.

Unter der Überschrift „Meine Wünsche zur Bestattung" sind Ihre Vorstellungen schon sehr differenziert von Ihnen dargelegt worden. Leider lässt sich nicht alles, was man sich vorstellt, aufgrund von Satzungen, Gesetzen, Regelungen und großen regionalen Unterschieden entsprechend realisieren. Darum ist es sinnvoll, das Gespräch mit einem Bestattungsunternehmen Ihres Vertrauens, das über die nötigen Fach- und Ortskenntnis verfügt, zu suchen.

Beratung in Sachen Bestattungsvorsorge hat sich in den vergangenen sieben bis acht Jahren bei ambitionierten Bestattungsunternehmen zu einer zweiten Angebotsschiene innerhalb des Bestattungsmarktes entwickelt. Es hat eine Vielzahl von gesetzlichen Klarstellungen, leider aber auch Verwirrungen gegeben.

Für die Mitarbeiter der Bestattungsbetriebe wurden und werden umfangreiche Weiterbildungen angeboten, die wegen der sich rasant ändernden Aktualität z.B. durch Änderungen in der Gesetzgebung jährlich ergänzt werden sollten. Für junge Menschen, die sich in der nach dem Berufsbildungsgesetz anerkannten Berufsausbildung zur Bestattungsfachkraft befinden, ist das Berufsschulfach Bestattungsvorsorge zur prüfungsrelevanten Disziplin geworden und das gilt für die Fortbildung zum Funeralmaster/Bestattermeister im Besonderen.

Die meisten Bestattungsunternehmen bieten mittlerweile Bestattungsvorsorge-Beratungen an. Es ist wichtig, ein Unternehmen zu finden, das auf diesem Gebiet neben Erfahrung über aktuelle und nachhaltige Kompetenz verfügt.

Die bloße Mitgliedschaft in einem der Bestatter-Berufsverbände oder die Mitgliedschaft in einer Bestatter-Innung oder einer Innungsgruppe ist absolut gar kein Qualitätsmerkmal.

Objektives Qualitätsmerkmal kann es sein, wenn ein Unternehmen die Matrixzertifizierung des Markenzeichens des BDB (Bundesverband Deutscher Bestatter, Düsseldorf) nach DIN EN ISO 9001 nachweist. Hierbei werden jedoch nicht alle Unternehmensbereiche der betreffenden Unternehmen regelmäßig auditiert. Ein sicheres Qualitätsmerkmal ist eine Unternehmenszertifizierung durch „Aeternitas Verbraucherinitiative Bestattungskultur" mit Sitz in Königswinter. Eine Zertifizierung durch Aeternitas wird nur an inhabergeführte Unternehmen verliehen, die gleichzeitig den Nachweis erbringen, dass neben den InhaberInnen die Mitarbeiterinnen und Mitarbeiter ebenfalls geschult und qualifiziert sind und an einschlägigen Weiterbildungsmaßnahmen teilnehmen. Die permanente Weiterbildung aller im Betrieb Beschäftigten muss nachgewiesen werden und wird überprüft. Welcher Betrieb in Ihrer Umgebung in das Netzwerk der Aeternitas Aufnahme gefunden hat, erfahren Sie bei der Aeternitas GmbH in Königswinter oder im Internet unter: www.gute-bestatter.de.

Ein weiteres sicheres Qualitätsmerkmal ist eine Unternehmenszertifizierung nach DIN EN ISO 9001. Diese Zertifizierung unterscheidet sich rein äußerlich nicht von der Matrixzertifizierung des Markenzeichens des BDB. Inhaltlich sind die Unterschiede jedoch sehr weitreichend. Der BDB lässt sein Markenzeichen nach DIN EN ISO 9001 zertifizieren, die Akkreditierungskörperschaften für die Zertifizierung eines Bestattungsunternehmens hingegen prüfen und überwachen, ob innerhalb des betreffenden Bestattungsbetriebes ein in Gänze funktionierendes Qualitätsmanagementsystem eingeführt ist und angewandt wird.

Die Qualität der Bestattungsvorsorge-Beratungen steht bei den regelmäßigen Überprüfungen der Akkreditierungskörperschaften zur Re-Zertifizierung grundsätzlich regelmäßig auf dem Prüfstand.

Natürlich sagen diese Befähigungsnachweise, Auszeichnungen und Zertifikate nichts über die sozialen und menschlichen Kompetenzen des Bestatters oder seiner Mitarbeiter aus.

Wer sich ohne jede Vorinformation auf die Suche nach einem Bestattungsunternehmen macht, sollte sich nicht scheuen, nach der Möglichkeit eines unverbindlichen Vorgesprächs zu fragen. Sinnvoll ist es, zunächst einmal telefonisch Kontakt aufzunehmen und um Terminvereinbarung zu bitten. Die meisten Bestatter bieten Hausbesuche an, aber vielleicht wollen Sie ja auch die Räumlichkeiten des Institutes durch einen Besuch selbst in Augenschein nehmen.

Gute BestatterInnen werden Ihrer Bitte nach Terminvereinbarung gerne entgegenkommen und wissen, dass Ihr Besuch unverbindlich ist. Da Erstvorsorgegespräche nicht selten länger als eine Stunde dauern, ist schon von daher die Absprache eines Termins von beiderseitigem Interesse.

Ein im Voraus geschriebener Zettel mit den Fragen, die man gezielt beantwortet haben möchte, dient in einem solchen Vorgespräch außerdem dazu, sich selber vor Informationsüberhäufung zu schützen, da die Thematik „Bestattung/Bestattungsvorsorge" naturgemäß weitestgehend unbekannt ist. Vielleicht möchten Sie ja auch eine Person Ihres Vertrauens mit in das Bestattungshaus nehmen. Vier Ohren hören mehr als zwei und eine vertraute Person gibt Halt und Sicherheit.

Ein kompetenter Bestatter wird Ihnen zuhören, mit Ihnen gemeinsam überlegen und Ihnen erklären, inwieweit Ihre Wünsche und Vorstellungen realisiert werden können. Es ist richtig, dem Bestatter Fragen zu stellen, die mit „Warum?" und „Warum nicht?" beginnen. Antworten wie: „das ist so" und „das macht man immer so" oder „das macht man nicht" sollten Sie so lange nicht akzeptieren, bis Sie eine nachvollziehbare Begründung haben. Hieran werden Sie die Qualität Ihres Bestatters/Ihrer Bestatterin messen können.

So, wie Sie Fragen an den Bestatter haben, wird Ihr Gegenüber Fragen an Sie haben. In der DIN EN 15017 Anforderungen an Bestattungsdienstleistungen ist festgelegt, was der Bestatter erfahren muss, damit er eine vollumfängliche Beratung zur Bestattungs-vorsorge durchführen kann: Die Punkte 3.9.2. und 3.9.3. der DIN EN 15017 fordern die Klärung folgender Fragen:

– Für wen werden die Regelungen getroffen?
– Ist der Vorsorgesuchende dazu berechtigt?
– Liegen entsprechende Vollmachten vor?
– Wer soll an der Erfüllung des Vertrages mitwirken?

Der Bestatter hat den Zweck und den Nutzen einer Vorsorgeregelung darzulegen. Verschiedene Formen einer Vorsorgevereinbarung sind zu erläutern und es sind unterschiedliche Finanzierungsmöglichkeiten aufzuzeigen. In einem Gespräch mit einem Bestatter werden z.B. folgende Fragen erörtert: Welche Bestattungsart kommt in Frage: Erdbestattung, Feuerbestattung, Urnenseebestattung, anonyme Urnenbeisetzung, Verstreuen der Asche, Aschebeisetzung in einem Friedwald oder Urnenbeisetzung in einem Kolumbarium? Welcher ist der Bestattungsort? Ist der derzeitige Wohnort auch der dereinstige Bestattungsort?

Auf welchem Friedhof soll das Begräbnis bzw. die Beisetzung sein? Besteht vielleicht auf einem Friedhof ein Nutzungsrecht an einer Grabstelle und kann das Nutzungsrecht verlängert werden? In diesem Zusammenhang ist die Frage wichtig, wer der Nutzungsberechtigte an jenem Grab ist. Soll ein Trauergottesdienst oder eine Trauerfeier stattfinden?

Sollen Trauergäste zum Trauergottesdienst eingeladen werden? Oder soll die Trauerfeier im Familienkreis stattfinden? Ist das Abschiednehmen am offenen Sarg gewünscht oder nicht? Wo soll die Aufbahrung sein? Zuhause, im Bestattungshaus, auf dem Friedhof? Sollen oder möchten Angehörige den Leichnam selber versorgen und ankleiden? Sollen oder möchten Angehörige selber den Trauergottesdienst mitgestalten?

Sollen oder möchten Angehörige den Sterbefall selber beim zuständigen Standesamt anzeigen, die Sterbeurkunden in Empfang nehmen und notwendige Korrespondenz anlässlich des Sterbefalles führen? Gehören Sie einer Religionsgemeinschaft an? Sind Sie ledig, verheiratet, geschieden oder verwitwet? Sind Ihre Dokumente bzw. Urkunden (Personenstandsurkunden/Auszug aus dem elektronischen Eheregister) im Hinblick auf eine Sterbefallbeurkundung vollständig? Wo sind diese Personenstandsurkunden hinterlegt, wer hat im Sterbefall Zugriff zu den Papieren? Für den Fall, dass diese Urkunden nicht vollständig sind oder es sich bei Ihren Papieren nur um unbeglaubigte Abschriften handelt, kann der Bestatter Ihnen behilflich sein bei der (Wieder-) Beschaffung gültiger Papiere.

Wer wird im Sterbefall dem Bestatter gegenüber Auftraggeber sein, in welchem Verwandtschaftsverhältnis steht er zu Ihnen? Hierbei stellt sich die Frage, ob es kraft Gesetzes noch andere gleichrangige Verwandte gibt, die an Ihnen totenfürsorgeberechtigt sind. Wenn ja, wird der Bestatter Sie darauf hinweisen, den Kreis der Berechtigten Ihrerseits per Vollmacht einzugrenzen oder eine einzelne Person Ihres besonderen Vertrauens zu bevollmächtigen. Der oder die Bevollmächtigte muss kein Verwandter oder Erbe sein. Es kann jede Person von Ihnen bevollmächtigt werden, das Totenfürsorgerecht, Recht am Leichnam auszuüben.

Es ist nicht immer nötig, einen so genannten Bestattungsvorsorgevertrag abzuschließen. Es genügt oft, wenn der Bestatter Ihre Wünsche als Aktennotiz zu seinen Unterlagen nimmt und Ihnen eine ausreichende Anzahl von weiteren Ausfertigungen dieser Aktennotiz zur Verfügung stellt. Das spart Geld für die Vertragsausfertigung, und außerdem können Änderungen oder Ergänzungen zu Ihren Wünschen leichter, als es bei einem umfangreichen Bestattungsvorsorgevertrag möglich ist, hinzugefügt werden. Solche Aktennotizen haben, sofern sie eindeutig formuliert sind, dieselbe rechtliche Bindung für die Hinterbliebenen wie ein Bestattungsvorsorgevertrag, da es sich um eine Willenserklärung Ihrerseits handelt.

Einer der Unterschiede zwischen Willenserklärung/Aktennotiz zu einem Bestattungsvorsorgevertrag besteht in der Bindung des Vertrages. Ein Vertrag verpflichtet zu Vertragserfüllung. Das heißt, der Vertrag verpflichtet die Hinterbliebenen auch dann zur Zahlung von Bestattungskosten an das Vertragsunternehmen – und zwar in Höhe des dem Vertragsbestattungsunternehmen entgangenen Gewinns –, wenn die Hinterbliebenen absichtlich oder unabsichtlich ein anderes Bestattungsunternehmen beauftragen als das Vertragsunternehmen.

Ein besonderer Vorteil des Bestattungsvorsorgevertrages liegt darin, dass er weiter gefasst werden kann, z.B. mit der Festschreibung Ihrer eigenen Wünsche und Vorstellungen für die Grabgestaltung: Grabstein, Grabeinfassung, Grabpflege betreffend, sowie die Sicherstellung der Finanzierung der entstehenden Kosten.

Zur Sicherstellung der Finanzierung der Bestattungskosten gibt es nur zwei seriöse Angebote. Das erste Angebot ist eine Treuhandeinlage bei der Deutsche Bestattungsvorsorge-Treuhand AG, Düsseldorf. Eine Einlage bei der Treuhand AG wird angemessen verzinst und ist im Hinblick auf die Besteuerung von Zinseinnahmen im Privatbereich und im Hinblick auf einen erschwerten Zugriff durch eine Fürsorgebehörde

für den Fall von Refinanzierungsforderungen von Unterbringungskosten in einem Alten- oder Pflegeheim sehr gut durchdacht. Sofern Ihr Bestattungsunternehmen hierzu keine Information bereithält, können Sie sich direkt wenden an:
Deutsche Bestattungsvorsorge-Treuhand AG
640211 Düsseldorf, Schirmerstraße 7
Telefon: 02 11 / 160 08 10, Telefax: 02 11 / 160 08 50

Das zweite seriöse Angebot finden Sie auf dem Versicherungsmarkt für Sterbegeldversicherungen. Die meisten Bestattungsunternehmen sind beim Abschluss einer Sterbegeldversicherung behilflich. Gute Bestattungsbetriebe haben mindestens einen Mitarbeiter/Mitarbeiterin, der/die in der Beratung für Sterbegeldversicherungen geschult ist. Außerdem können Sie sich wenden an:
Aeternitas Verbraucherinitiative Bestattungskultur e.V.
53639 Königswinter, Dollendorfer Str. 72
Telefon: 02244 / 92537
http:/www.aeternitas.de

Der Bundesverband des Deutschen Bestattungsgewerbes hält Informationen im Internet bereit unter: http:/www.bestatter.de. Beim Fachverlag des Deutschen Bestattungsgewerbes können Sie die Informationsbroschüre „Ratgeber in Trauerfällen" anfordern:
Fachverlag des Deutschen Bestattungsgewerbes, 40211 Düsseldorf, Schirmerstr. 76
Telefon: 02 11/ 160 08 15

Viele Bestatter halten diese Broschüre kostenlos bereit und senden Ihnen diese auch per Post zu.

Bernd-Peter Bertram

Bestatter aus Leverkusen, Verfasser des Buches: Abschiednehmen
(Ratgeber Hausaufbahrung) Buchverlag A. Schmitz, Toppenstedt. ISBN 3-927442-46-1.

HINWEISE ZU PATIENTENVERFÜGUNG UND VORSORGEVOLLMACHT

Seit 1. September 2009 sind Patientenverfügungen (PV) in Deutschland rechtsverbindlich. Was Sie im Vorhinein verfügen für den Fall, dass Sie durch Krankheit oder Unfall Ihren eigenen Willen nicht mehr vertreten können, ist für Ärzte, Bevollmächtigte/Betreuer und Richter bindend.
Größeres Gewicht geben Sie Ihrer Verfügung, wenn Sie Menschen Ihres Vertrauens bevollmächtigen mit einer Vorsorgevollmacht (VV). Diese sollen Ihrem in der PV niedergeschriebenen Willen gegenüber den behandelnden Ärzten (und evtl. dem Richter) Ausdruck und Geltung verschaffen. – Eine solche Vollmacht ist ein Auftrag mit hohem Anspruch. Bevollmächtigte haben „im Ernstfall" oftmals sehr belastende Entscheidungen zu vertreten. Dazu bedarf es für den Bevollmächtigten einer genauen Kenntnis um Ihre Lebenseinstellungen und Ihren Willen.
Für eine PV ist die Schriftform verbindlich. Sie muss jedoch nicht handschriftlich verfasst sein und kann auch von einem Dritten niedergeschrieben sein. Rechtsgültig wird Sie mit Ihrer Unterschrift (mit Datum).
Voraussetzung ist (neben der Volljährigkeit), dass Sie zum Zeitpunkt Ihrer Verfügung „einwilligungsfähig" sind (durch Zeugen schriftlich bestätigt). Selbst für den Fall, dass ein Mensch nicht mehr „geschäftsfähig" ist, reichen „natürliche Einsichts- und Steuerungsfähigkeit".
Jederzeit haben Sie eine Widerrufsmöglichkeit – schriftlich, mündlich oder – z.B. im Falle des Sprachverlustes – auch nonverbal. Dabei gilt: Solange Sie Ihren Willen selbst vertreten können, hat eine PV / VV keine Bedeutung.
Ihre PV (und ggfls. VV) ist auf medizinische Maßnahmen und Entscheidungen bezogen, die im Falle einer schweren Krankheit zu treffen sein werden. Je konkreter Sie verfasst

ist, desto verbindlicher wird Ihr PV sein. Denn sie muss mit der realen Situation stimmig sein (sonst wird nach dem „mutmaßlichen Willen" zu fragen sein. Wenn sich Bevollmächtigte und Ärzte dann nicht verständigen, muss das Gericht angerufen werden).

Ihre PV gilt, anders als bei der früheren Rechtslage, in jeder Lebensphase und ist nicht nur bezogen auf das unumkehrbar begonnene Sterben. Vor allem aber sinnvoll ist eine Verfügung für Entscheidungen, die im Laufe einer unheilbaren Erkrankung zu treffen sind, insbesondere für den unabwendbar begonnenen Sterbeprozess. Oder für eine Situation, in der eine Gehirnschädigung bzw. ein fortschreitender Hirnabbauprozess zum Verlust jeglicher Einsicht- und Entscheidungsfähigkeit und der Fähigkeit zur Kommunikation führt (u.a. Wachkoma, Alzheimererkrankung).

Konkret wird es oftmals um folgende Fragen gehen:
- Fortsetzung oder Beendigung lebenserhaltender Maßnahmen wie künstlicher Ernährung und Flüssigkeitszufuhr, künstlicher Beatmung, Wiederbelebung, Dialyse, Antibiotika, Blut-Transfusionen.
- Fragen der Schmerz- und Symptombehandlung (in der PV wir auch zu sagen sein, was Sie auf jeden Fall an Hilfe erwarten).
- Die Frage, an welchem Ort Sie in der letzten Lebenszeit gut umsorgt und begleitet werden wollen: in einer Klinik, zu Hause (wenn es denn Menschen gibt, die das zu leisten vermögen), in einem stationären Hospiz oder einer Pflegeeinrichtung.

Sinnvoll ist es immer, sich mit einem Arzt Ihres Vertrauens zu beraten. Er vermag Sie auch über mögliche medizinische Verläufe zu informieren. Beispiel: Die grundsätzliche Ablehnung von Magensonden könnte im Falle einer heilbaren Erkrankung deren vorübergehenden, sinnvollen Einsatz verhindern.

Sehr konkrete PVs (mit VV und Betreuungsverfügung) bieten:

MTG Malteser,
Kalker Hauptstraße 22-24,
51103 Köln
Tel.: 0221 / 9822-500,
www.malteser.de

Das Bundesministerium der Justiz
Bestellung: Tel.: 01805 / 778090,
www.bmj.de/publikationen

Die aktualisierte „christliche Patientenvorsorge"
Bestellung: z.B. über EKD
Fax: 0511 / 2796-457
E-Mail: versand@ekd.de

Im Aufbau begriffen ist ein Zentrales Vorsorgeregister der:
Bundesnotarkammer, Zentrales Vorsorgeregister,
Postfach 080151,
10001 Berlin,
www.vorsorgeregister.de

Beratung bieten lokale ambulante Hospizdienste.

Hubert Böke

3. TEIL

EIN BRIEF AN MEINE LIEBEN

WIR TRETEN AUS DEM DUNKEL

Wir treten aus dem Schatten
bald in ein helles Licht.

Wir treten durch den Vorhang
vor Gottes Angesicht.

Wir legen ab die Bürde,
das müde Erdenkleid,
sind fertig mit den Sorgen
und mit dem letzten Leid.

Wir treten aus dem Dunkel
nur in ein helles Licht
warum wir´s sterben nennen,
ich weiß es nicht.

WAS IST DER TOD?

Jeden Tag sag ich mir:
Der Tod ist wie
wenn einer nach einer schweren Krankheit aufsteht.

Jeden Tag sag ich mir:
Der Tod ist wie
wenn man einen Duft einatmet,
wie wenn man sich in einem
berauschenden Land befindet.

Jeden Tag sag ich mir:
Der Tod ist wie der Moment,
wenn der Himmel aufklart
und ein Mann mit seinem Netz losgeht,
um Vögel zu fangen,
und auf einmal findet er sich
an einem unbekannten Ort wieder!

Was ist der Tod?

Ein aufrechtes Herz, wenn die Zeit gekommen ist.

Altägyptisches Lied

ES GIBT NICHTS, WAS UNS DIE ABWESENHEIT EINES LIEBEN MENSCHEN ERSETZEN KANN...

... und man soll das auch gar nicht versuchen; man muss es einfach aushalten und durchhalten; das klingt zunächst sehr hart, aber es ist doch zugleich ein großer Trost; denn indem die Lücke wirklich unausgefüllt bleibt, bleibt man durch sie miteinander verbunden.

Es ist verkehrt, wenn man sagt, Gott füllt die Lücke aus; er füllt sie gar nicht aus, sondern er hält sie vielmehr unausgefüllt und hilft uns dadurch, unsere echte Gemeinschaft miteinander – wenn auch unter Schmerzen – zu bewahren.

Ferner: Je schöner und voller die Erinnerung, desto schwerer die Trennung. Aber die Dankbarkeit verwandelt die Qual der Erinnerung in eine stille Freude. Man trägt das vergangene Schöne nicht wie einen Stachel, sondern wie ein kostbares Geschenk in sich. Man muss sich hüten, in den Erinnerungen zu wühlen, sich ihnen auszuliefern, wie man auch ein kostbares Geschenk nicht immerfort betrachtet, sondern nur zu besonderen Stunden, und es sonst nur wie einen verborgenen Schatz, dessen man sich gewiss ist, besitzt; denn dann gehen eine dauernde Freude und Kraft
von dem Vergangenen aus.

Dietrich Bonhoeffer

AN MEINE LIEBEN,

wenn Ihr diese Zeilen lesen werdet, dann werde ich nicht mehr bei Euch sein.

Ich habe keine Vorstellung von dem Ort, an dem ich mich aufhalten werde, und von der Zeit, in der ich mich befinden werde, weiß aber, dass wir dann nicht mehr füreinander erreichbar sind.

Ich weiß, dass Euch das alles mit einem großen Schmerz erfüllen wird und dass Ihr dies im Moment noch nicht wahrhaben wollt. Gerade deswegen schreibe ich es auf. Im Moment können wir nicht darüber sprechen, nach meinem Tod werdet Ihr aber vielleicht Zeit finden, diese Zeilen zu lesen und darüber nachzudenken. Und ich schreibe sie in erster Linie für Euch, aber sicher auch zu meiner Beruhigung, denn weil ich Euch sehr lieb habe, ist es mir nicht egal, wie Ihr die Zeit ohne mich verbringen werdet. Auch habe ich schon durch mein Alter eine gehörige Portion an Lebenserfahrung und so manche Trauer durchgestanden. Darum gestattet mir, dass ich Euch ein wenig rate, weil ich eine Vorstellung habe von dem, was auf Euch zukommen wird.

Ihr alle habt Euch in den letzten Wochen meiner Krankheit sehr um mich bemüht. In den letzten Nächten habt Ihr abwechselnd an meinem Bett gesessen und gewacht; ich weiß dies besonders zu schätzen, weil mir ja durchaus klar ist, dass Ihr am nächsten Morgen wieder arbeiten müsst und in Euren Familien und Büros Eure Frau und Euren Mann stehen werdet. Deswegen könnte ich mir vorstellen, dass Ihr dann, wenn die Stunde eingetreten ist, auch ein Gefühl der Erleichterung habt, dass dieser ganze Stress und diese ganze Belastung und das Hin und Her nun erst einmal vorüber sind. Schämt Euch deswegen nicht und bitte, empfindet keine Schuld mir gegenüber. Ich weiß, dass das ein ganz natürliches Gefühl ist und mit Eurer Liebe zu mir nichts zu tun hat. Ich habe Ähnliches

empfunden, als meine Mutter vor vielen Jahren starb und die lange Zeit der Pflege endlich vorüber war.
Ich kann mir vorstellen, dass Ihr recht gefasst und ruhig damit umgeht, wenn ich dann tot sein werde. Zulange wussten wir schon, dass meine Krankheit nicht mehr heilbar ist. Ihr habt meine Schmerzen miterlebt, meine wilden Hoffnungen und meine tiefen Depressionen. Nun hat das alles erst einmal ein Ende.
Ihr seid erwachsen und nicht mehr von mir abhängig. Mein Leben, mein Um-Euch-Herumsein, mein Für-Euch-Sorgen sind nun nicht mehr von dieser elementaren Bedeutung wie noch vor Jahren. Es wird vieles zu regeln sein, ich habe mit jedem Einzelnen von Euch mehrfach darüber gesprochen, wie ich mir meine Beisetzung wünsche und die Feier danach. Wir sind alles durchgegangen, ganz ruhig werdet Ihr Euch zusammensetzen und wissen, was nun zu tun ist, was zu regeln ist, was zu bestellen ist, was durchzuführen ist, wer zu benachrichtigen ist. Ich bin auch ganz sicher, dass Ihr in meinem und Eurem Sinne eine Trauerfeier macht, wie sie uns allen passt. Es ist nicht nur wichtig, dass ich so begraben werde, wie ich es mir wünsche, auch Ihr sollt Euch an jedem Punkt der Feier wohlfühlen. Das ist mir ganz besonders wichtig. Aber wisst auch, dass das große Loch der Trauer erst kommt, wenn ich schon unter der Erde bin. In dem vielen Regeln werdet Ihr das Traurigsein vergessen. Die Geschäftigkeit steht im Vordergrund, an viel zu viel muss gedacht werden, Ihr werdet gar nicht zur Ruhe kommen. Aber dann ... Wochen und Monate nach meinem Tod werdet Ihr Euch dessen manchmal bewusst werden, und dann wird das, was man Trauer nennt, lähmend in Euch hochkriechen.
Es werden Stunden kommen, wo Ihr Euch gar nicht vorstellen könnt, dass Ihr meine Schritte nicht mehr im Haus hört, dass Ihr meine Stimme nicht mehr am Telefon hört, dass wir uns nicht mehr, wie selbstverständlich, zusammenfinden, er-

zählen und planen. Das sind schwere Stunden, wo die Erkenntnis, dass ich nun wirklich und definitiv nicht mehr unter Euch bin, langsam Raum greift. Ich habe das bei manchen Trauersituationen in meinem Leben selber erlebt und mich anfangs, als ich dies alles, was man Trauer nennt, noch gar nicht so recht kannte, als gefühllos gescholten. Aber das ist es nicht. Es braucht einfach Zeit, zu begreifen.

Und wenn Ihr Euch dann innerlich dieser Gewissheit angenähert habt, dass es kein Wiedersehen und kein Wiederhören, jedenfalls nicht in der jetzigen Form, geben wird, dann wird ein Gefühlssturm einsetzen. Das ist nach meiner Erfahrung die schwierigste Zeit im Trauererleben. Es wird ein Auf und Ab geben. Viele Gefühle werden ganz kurz hintereinander, ja fast nebeneinander da sein. Erleichterung und Wut, Scham und Schuld, Liebe und Verärgerung. Das Gefühl von Ohnmacht und Alleingelassensein und kurz darauf das Gefühl von Kraft und Selbstständigkeit. Eine Freundin von mir hat in einer ihrer Trauerzeiten einmal gesagt, dass sie in dieser Phase Angst hatte, verrückt zu werden. Das kenne ich auch aus eigenem Erleben. Es ist zu viel an unterschiedlichen Gefühlen da, was dann auf uns einstürmt. Aber seid ganz gelassen, auch ich bin in den verschiedenen Verlustsituationen meines Lebens nicht verrückt geworden, sondern habe mich belehren lassen, dass das zur Trauer dazugehört. Es kann auch gut sein, dass Ihr in dieser Zeit Euer so gutes Miteinander gefährdet seht.

Es ist für mich ein sehr beruhigender Gedanke in meinem Sterben zu wissen, dass ich Euch in Harmonie und Liebe zueinander zurücklasse. Ich glaube, dass das für eine Mutter sehr wichtig ist, wenn ihre Kinder sich mögen, zusammenhalten und nicht in Feindseligkeit zueinanderstehen. Nun, wenn ich dies schreibe, gibt mir das ein Gefühl von großer Zufriedenheit und Glück. Aber in der Trauer kann es geschehen, dass Ihr Euer vertrautes Geschwistertum so nicht mehr spürt. Es kann sein, dass Ihr Euch gegenseitig Vorwürfe macht, falsch oder gar nicht um mich zu trauern. Ich bin aber gewiss, dass jeder von Euch Trauer um mich fühlen wird, jeder aber in der Art seines Temperaments und seines jeweiligen Soseins.

Ihr, meine drei Kinder, die ich zurücklasse, seid so unendlich verschieden voneinander, wie man es sich nur denken kann. Oftmals haben wir im Scherz gesagt, dass man gar nicht glauben könnte, dass Ihr die gleichen Eltern habt; zu verschieden ist Eure Art, die Dinge des Lebens zu sehen und mit ihnen umzugehen. Das wird sich sicher auch in der Trauer um mich niederschlagen. Die eine wird sehr ruhig und in sich gekehrt durch die Trauer gehen, die Jüngere wird sicher ganz temperamentvoll und nach außen gewandt die Trauer zeigen und darstellen, und mein Ältester wird versuchen, die Verantwortung für die Restfamilie zu übernehmen.

Bitte werft Euch nicht gegenseitig vor, dass Ihr „verkehrt" trauert. Ich weiß aus meiner eigenen Familie, dass jeder seine Art des Trauerns hat und auch sein eigenes Tempo des Trauerns. Wenn ich selber Traurigkeiten durchlebt habe, gelang mir das immer am allerbesten, wenn ich mir eine Platte mit einem bestimmten Klavierkonzert aufgelegt habe, mich ruhig in einen Sessel gesetzt und meinen Erinnerungen und meinen Tränen freien Lauf gelassen habe. Für Euren Vater war das immer ein rechter Graus. Er war von einer aktiven und anpackenden Art, er musste seine Trauer ausagieren; das gelang ihm am besten, wenn er in den Garten ging und einige Stunden ganz heftig darin arbeitete, am liebsten umgraben und beschneiden. Es hat einige Zeit gedauert, bis wir uns diese verschiedene Art zugestehen konnten; zu gern hätten wir den anderen in der eigenen Art der Gefühlsauseinandersetzung erlebt, aber mit der Zeit haben wir es gelernt und akzeptieren können. Deswegen weise ich Euch jetzt schon darauf hin und bitte Euch sehr herzlich: Werdet nicht Konkurrenten in der Trauer um mich. In Eurer Auseinandersetzung damit, dass ich nicht mehr da sein werde, werdet Ihr Euch vielleicht auch manchmal fragen: „Wie hätte hier Mutter entschieden? Was hätte Mutter hier gemacht? Was hätte sie geraten?" Wenn ich das nun niederschreibe, macht mich das ganz außerordentlich stolz, mir solche Fragen vorzustellen. Es ist mir eine Gewissheit, dass ich in Eurem Leben weiter vorkomme, dass Ihr über mich sprechen werdet und gelegentlich auch überlegen werdet, wie ich hier und da gehandelt oder geraten hätte. Es ist ein schönes und warmes Gefühl, so an Eurem Leben teilhaben zu dürfen.

Aber vergesst auch bitte nicht, dass es ausschließlich Euer Leben ist, das es nun zu leben gilt. Macht Euch bitte nicht abhängig von dem, wie ich es möglicherweise gemacht hätte, sondern geht Euren Weg und lebt Euer Leben. Ich bin nicht mehr bei Euch, jedenfalls nicht in der jetzigen und leiblichen Form. Es war mir wichtig und ein großes Glück, Euch das Leben zu geben und Euer Leben zu prägen, aber nun bin ich nicht mehr dafür verantwortlich und nicht mehr verfügbar. Bindet mich ein in Eure Fragestellungen und in Euer Leben, aber macht Euch nicht abhängig von mir und meinen Entscheidungen.

In den letzten Tagen, als ich manchmal wegen meiner Schmerzen und meiner Müdigkeit gar nicht mehr so richtig und intensiv mit Euch sprechen konnte, hat es so manch wunderbare Aussage und so manch liebevolle Geste von Eurer Seite gegeben. Das hat mich, auch wenn ich es nicht zeigen konnte, tief berührt und von innen erwärmt. Ich bin mir sicher, dass ich durch das, was man landläufig Erziehung nennt, manchen Keim in Euch anlegen durfte und manches in Euch wachrufen konnte. Dies, was wir miteinander geteilt, miteinander durchlitten, miteinander besprochen, aber auch manchmal nur miteinander beschwiegen haben, wird in Euch bleiben, auch wenn ich nicht mehr da bin. Ihr glaubt gar nicht, welch großer Trost das für mich ist zu wissen, dass etwas von

mir in Euch, in Eurem Leben, in Euren Familien, in meinen Enkelkindern übrig bleibt. Es ist wunderbar zu wissen, dass ich mit meinem Tod nicht einfach ausgelöscht bin, als gäbe es keine Spur von mir mehr, sondern dass ich in dem, was Ihr durch uns, aber auch aus eigener Kraft geworden seid, weiterleben darf. Und was mir eine große Beruhigung und eine tiefe Freude ist, darf auch jetzt in diesen Tagen schon der Gedanke eines Trostes sein: Ich werde nie ganz fortgegangen sein, sondern in Euch bleiben. In Euren Ansichten, die Ihr vom Leben habt, wie Ihr Feste begeht, in den Rezepten, die Ihr kochen werdet. In der Art und Weise, wie Ihr die Kissen auf dem Sofa arrangieren werdet. In der Aufteilung der Wäsche in Euren Schränken, in den Märchen, die Ihr erzählen, in den Liedern, die Ihr Euren Kindern vorsingen werdet, in den Gedichtfetzen, die Euch noch einfallen, in den Kindergebeten, die Euch des Nachts ein Trost waren, in all dem, was Euch Kindheit, Sicherheit, Geborgenheit war und ausmachte. Manchmal werdet Ihr innehalten, vielleicht wenn Ihr schon selber grau und älter seid, und leise inwendig „Mutter" sagen und denken. Das werden die Augenblicke sein, in denen ich ganz nahe bei Euch bin und mich ganz tief und eng, über den Tod hinaus, mit Euch verbunden fühlen werde.
Ich danke Euch.

Monika Müller

Leiterin der Ansprechstelle im Land NRW zur Palliativversorgung, Hospizarbeit und Angehörigenbegleitung (ALPHA-Rheinland), Psychotherapeutin und Supervisorin

4. TEIL

BUCH AN MEINE LIEBEN
Mein persönliches Tagebuch

Zum Geleit

Das folgende persönliche Tagebuch ist reserviert für das Gespräch mit Ihrer Lebensgeschichte. Es ist ein Tagebuch Ihres Lebens, das Sie aufschreiben für Ihre Lieben. Jeder wird es auf seine ganz eigene Weise gestalten wollen. Vielleicht haben Sie neben dem Schreiben Lust zu malen. Oder Sie finden Ihre ganz eigene Gestaltungsmöglichkeit.

Wenn Sie dies Buch schreiben und gestalten, werden Sie sicher Freude daran haben, alte Fotos und Bilder anzuschauen. Vielleicht kommt Ihnen das eine oder andere Bild in die Hand und Sie wollen es hier einheften. Wie immer Sie die folgenden Seiten gestalten wollen, es wird unverwechselbar Ihr Buch sein.

DIESE BUCH IST BESTIMMT FÜR:

_____

_____

_____

Foto von mir

Erinnerungen an meine Kindheit

Erinnerungen an meine Schulzeit

*Erinnerungen an meine Ausbildung,
Lehre, Studium*

*Erinnerungen an meine Berufsjahre
und die Zeit familiärer Aufgaben*

Meine Mutter

Mein Vater

Meine Großeltern

Was ich sonst noch weiß von meiner Familie

Jeder Mensch hat tiefe Wurzeln in der Geschichte seiner „Ahnen". Oft wissen wir Heutigen nur wenig von der Geschichte unserer Familie. Zu bewahren, was Ihnen selbst noch vertraut ist, bei den noch Lebenden der älteren Generation zusammenzutragen, was sie in ihrer Erinnerung bewahrt haben, wird ein großes Geschenk sein für die Jüngeren. Die Erfahrung zeigt, dass viele Menschen mit zunehmendem Alter nach der Geschichte ihrer Familie fragen. So können Sie – ohne nun Ahnenforschung zu betreiben – beitragen zum

„Gedächtnis Ihrer Familie".

_____

_____

_____

_____

_____

_____

_____

_____

Mein S

Mein

Großmutter *Großvater* *Vater*

Urgroßmutter *Urgroßmutter*

Urgroßvater *Urgroßvater*

mbaum

wister

Mutter | Großvater | Großmutter

Urgroßmutter | Urgroßmutter

Urgroßvater | Urgroßvater

Meine Ehe und Partnerschaft

Meine Kinder und Enkelkinder

*Meine Freunde, Weggefährten und
Menschen, die meine Leben prägten*

Meine besonderen Erlebnisse

*Meine Interessen und Vorlieben:
Musik, Bücher, Natur*

Orte und Landschaften, die ich besucht habe

Mein Lebensweg in Symbolen und Bildern

Ein besonderer Zugang in der Begegnung mit der eigenen Lebensgeschichte ist das Malen. Malen geschieht nicht mit dem Kopf, es kommt aus tieferen Schichten. Wenn Sie sich darauf einlassen mögen, malen Sie Ihren Lebensweg. Zeichnen Sie diesen Weg als Linie über das Blatt – vom Zeitpunkt der Geburt bis zur Jetztzeit und vielleicht gar darüber hinaus. Malen Sie nun auf Ihren Weg Symbole, Bilder, Worte, die für die besonderen Ereignisse oder Menschen auf dem jeweiligen Lebensabschnitt stehen.

Auf der nachfolgenden Seite können Sie das Gemalte beschreiben. Nehmen Sie sich viel Zeit; vielleicht ist es gut, eine ruhige Musik im Hintergrund zu hören, eine Duftlampe anzuzünden oder was immer Ihnen hilft, ganz bei sich zu sein.

Es kommt nicht auf den „künstlerischen Wert" an, sondern darauf, dass Sie „mit dem Herzen" malen.

Mein Lebensweg in Bildern und Beschreibungen

Wöfür mein Herz schlägt

Ein Gruß

Es gelingt nicht immer, in einer Beziehung Wichtiges auszusprechen, Danke zu sagen, um Vergebung zu bitten, zu sagen, was ein Mensch mir bedeutet hat. Vielleicht möchten Sie auch ganz einfach ein persönliches Adieu, eine Nachricht ausrichten oder ein persönliches Geschenk zum Abschied zurücklegen.
Darum können Sie Ihre Lieben bitten.

Ich bitte Dich / Euch,

einen Gruß, eine Nachricht auszurichten

bzw. einen Brief, ein Geschenk weiterzugeben

an:

_____

_____

Richtet bitte aus:

_____

_____

Einen Brief, ein Geschenk habe ich an folgendem Ort hinterlegt:

_____

*An meine Lieben –
was ich euch noch sagen will:*

Die Autoren und der Künstler

Hubert Böke,
ist evangelischer Pfarrer, Klinikseelsorger, Trauerberater und Supervisor.

Lene Knudsen,
ist Trauerberaterin im evangelischen Kirchenkreis Leverkusen.

Paul Weigmann,
geboren 1923 in Leverkusen, Studium an den Kölner Werkschulen. Nach seinem Studium war er als Glasmaler tätig. Er schuf Kirchenfenster in über 300 Kirchen in Deutschland (u.a. in Köln: St. Severin, St. Pantaleon, St. Maria im Kapitol / in Bonn: Münsterkirche und St. Remigius, in Xanten, Mainz und Worms jeweils im Dom).
Er stellt aus in Bologna, München, Bombay, Leverkusen, Köln, Rio de Janeiro, Sidney, Canberra, Melbourne und Adelaide. Paul Weigmann ist 2009 gestorben.

Quellennachweis

Für freundlich erteilte Abdruckgenehmigungen danken wir allen Autorinnen, Autoren und Verlagen. Trotz intensiver Bemühungen war es leider nicht bei allen Texten möglich, den/die Rechtsinhaber/in ausfindig zu machen. Für Hinweise sind wir dankbar. Rechtsansprüche bleiben gewahrt.

Seite 8: Reinhard Mey, Du hast mir schon Fragen gestellt, aus: Taschenbuch „Alle Lieder", © Edition Reinhard Mey, Berlin. **Seite 14:** Carl Zuckmayer: Ich denke mir oft ..., aus: ders.: Der Rattenfänger, © S. Fischer Verlag GmbH, Frankfurt a.M. 1975. **Seite 26:** Carl Zuckmayer: Nachtgebet, aus: ders.: Gedichte, © S. Fischer Verlag GmbH, Frankfurt a.M. 1977. **Seite 39:** Ernesto Cardenal: Wir sind wie Zugvögel, aus: ders.: Das Buch von der Liebe, © Peter Hammer Verlag, Wuppertal, Neuausgabe 2004. **Seite 42:** Monika Müller, „Nach innen wachsen" aus: Der Sterbeprozess eines 42-jährigen Mannes, dargestellt an acht von ihm gemalten Bildern. Die Bildreihe kann als Lose-Blatt-Sammlung mit Begleittexten zum Preis von 20,- Euro bei ALPHA Rheinland, Zentrum für Palliativmedizin, von Hompesch Straße 1, 53123 Bonn, erworben werden (Rheinland@alpha-nrw.de). **Seite 59:** Heinrich Böll: Für Samay, aus: ders.: Werke. Kölner Ausgabe, Band 23, hg. v. Hans Joachim Bernhard und Klaus-Peter Bernhard, © 2007 by Verlag Kiepenheuer & Witsch GmbH & Co.KG, Köln. **Seite 60:** Hermann Hesse: Stufen, aus: ders.: Sämtliche Werke, Band 10: Die Gedichte, © Suhrkamp Verlag, Frankfurt a.M., 2002. **Seite 65:** Dietrich Bonhoeffer, Von guten Mächten, ders.: Widerstand und Ergebung, © Gütersloher Verlagshaus, Gütersloh, in der Verlagsgruppe Random House GmbH, München 1998. **Seite 66:** Hilde Domin: Ziehende Landschaft, aus: dies., Gesammelte Gedichte, © S. Fischer Verlag GmbH, Frankfurt a.M. 1987. **Seite 91:** Dietrich Bonhoeffer, Es gibt nichts was uns die Abwesenheit eines lieben Menschen ersetzen kann ..., aus: ders.: Widerstand und Ergebung, © Gütersloher Verlagshaus, Gütersloh in der Verlagsgruppe Random House GmbH, München 1998. **Seite 97:** Monika Müller, Bonn. Leiterin der Ansprechstelle im Land NRW zur Pflege Sterbender, Hospizarbeit und Angehörigenbegleitung (ALPHA Rheinland), Psychotherapeutin und Supervisorin.

Bildnachweis

Umschlagbild und alle Innenbilder – soweit nicht anders genannt: © Paul Weigmann, Leverkusen, © Marga Weigmann, Leverkusen; Fotos der Bilder: © Stefan Lamberty, Mülheim-Ruhr.
Seite 13 und 43: Bildmotiv aus dem Zyklus, Monika Müller: „Nach innen wachsen", ALPHA Rheinland, Bonn. **Seite 57 und 58:** © Lene Knudsen, Leverkusen; **Seite 98:** Fotografik, © Simone Sander, Ludwigsburg; **Seite 114/115:** © Wolfgang Diederich, Mildstedt